非物质文化遗产

小架梅花桩拳

玉昆子 / 著

神拳梅花桩系列丛书
（二）

搏击之道

"小架梅花桩拳朋友圈"
付费获取非遗传人亲自演示的高清彩色大图；
付费获取非遗传人部分搏击视频。

图书在版编目（CIP）数据

小架梅花桩拳．搏击之道 / 玉昆子著．-- 北京：华夏出版社，2019.1
（神拳梅花桩系列丛书）
ISBN 978-7-5080-9570-7

Ⅰ．①小… Ⅱ．①玉… Ⅲ．①梅花桩－套路（武术） Ⅳ．① G852.191.9

中国版本图书馆 CIP 数据核字 (2018) 第 191608 号

小架梅花桩拳．搏击之道

著　　者	玉昆子
策　　划	陈小兰
责任编辑	陈小兰　增　慧

出版发行	华夏出版社
经　　销	新华书店
印　　装	三河市兴达印务有限公司
版　　次	2019 年 1 月北京第 1 版
	2019 年 1 月北京第 1 次印刷
开　　本	710*1000　　1/16
印　　张	18.75
字　　数	340 千字
定　　价	69.00 元

华夏出版社　地址：北京市东直门外香河园北里 4 号　邮编：100028
网址：www.hxph.com.cn　电话：(010) 64663331（转）
若发现本版图书有印装质量问题，请与我社营销中心联系调换。

韩氏讳其昌公画像

玉昆子奉茶图

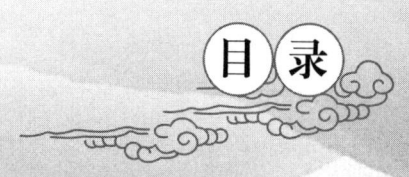

前言 / 001

第一章	小架梅花桩拳简介	001
第二章	小架梅花桩拳拿法	009
第三章	小架梅花桩拳实用擒拿术	019
第四章	擒拿术总论	030
第五章	石锁练习法	046
第六章	力量型练习的必要性	056
第七章	小架梅花桩拳法总论	066
第八章	图说小架梅花桩拳对练法	074
第九章	图说三法的实用方法	147
第十章	搏击中步法及心态总论	156
第十一章	小八方、中八方练习法	162
第十二章	小架梅花桩拳里的四门兜底阵	179
第十三章	图说成拳对打	186
第十四章	图说打公拳	240
第十五章	打成拳、打公拳的要领	259
第十六章	浅谈小架梅花桩拳搏击中的手法与腿法	264
第十七章	搏击中的眼法	271
第十八章	小架梅花桩拳里的"气"、"力"、"意"	276

前言

有人会讲你一个老道,不行"无为不争"之道,不去行善修行,反而满处讲打打杀杀,不觉得有悖道学吗?此言差矣。其实武学、道学、医学自古就是密不可分的,它们三家本是一个整体。自古道士修行就没离开过武学。过去有名的高道大德其实都是武学大家,他们修道,追求长寿,往往伴以习武,所以道士中就不乏武林高手。武术在继承古代武术攻防理论的基础上,运用道家中守柔处雌、以静制动等原理,并参以道教内丹功法的经验,逐渐形成自己的理论体系和独特风格。其一招一式都体现了对人的心理、生理的调节,包含舒筋活络、补血调气、滋养五脏、陶冶身心之妙益,是动和静的完美结合,并且具有很高的搏击价值。

他们一方面用武学养生,一方面用武学防身、护生。只是武术与"杀伐"一词联系得太紧密,因为武学是围绕着搏击技术展开的,所以这些大德不会轻易提及它,就像孔圣人,注过《易经》、编过《春秋》、整理过《诗经》,但其实他同时还具有超凡的武功,只是不肯以勇武闻名而已。这就造成了当今的修行者误认为武学与道学与儒学不相干的结果。所以当今只谈武学里的养生、避其实战艺术是错误的,武学的精华就这样被丢掉了。

有人会说习武者往往在习练之中总怀揣着一些攻防的目的,是很难做到"心中无一物"、"无为不争"的,去掉这些争念是有好处的,而且有些习武者也有这种想法。但是我认为人生在世是不太平的,如遇到坏人你如何防身?如遇到坏人危害他人,你如何护生?叫警察叔叔吗?等警察来了跟他说"我练过武术,没有能力保护自己,所以叫你们来"，你不觉得这是个笑话吗？武学是攻防的艺术，也是咱们老祖宗传给后人的瑰宝！只提武学养生的一面，会把这一瑰宝断送掉的！其实养生的方法有很多，比如华佗的五禽戏等方法都是养生的好方法，你为何不学这个而单往武林界里扎呢？有人说："无与人争，则天下没人与之争！"我对此感到很愤慨。如果国家遇到外族侵略怎么办？坏人欺负你怎么办？那些平时不练武只谈"心中无敌天下太平"的朋友，你没遇到过坏人吗？遇到时还谈"不争"吗？和平时期谈不争只是表个姿态，来表现自身的境界；遇敌时谈不争则叫软弱！孔子曾讲"文事者必有武备"，一个国家和平时不能安于太平，要居安思危，要有武备！一个国家如此，而每个人更应该如此！这个社会不是你不争就没人欺负你的社会，这种思想是汉儒为了维护统治者的利益而编造的，就像汉儒编造的禅让制一样，都是谎言！自己不强大起来，早晚会被人欺辱！自己强大了没人与你争，自己弱小了人人与你争，甚至瓜分你！"不争不足以得天下"这句话才是真正的道家思想！道家哲学是中国古代哲学家通过对"天"（宇宙自然）、"地"（地球自然）、"人"（以人为代表的地球生物）相互联系的观察研究，所获得的一种对宇宙、世界、社会、人生整体、统一、辩证的哲学观念。珍爱生命必须有防身术，因此以道家哲学原理为指导的道家防身术——"拳法"便产生了。所以武术是道教文化不可分割的一部分，它深深根植于数千年华夏文化的沃土中，把中国古代太极、阴阳、五行、八卦等哲学理论用于拳理、拳技、练功原则和技击战略中，蕴含着深刻的中国传统哲理奥妙，其本质是探讨生命活动的规律，这是内家拳依托道教理论在生命探索中所产生的智慧结晶。

　　传统武术的搏击靠什么？"远打、近拿、贴身摔"。所以传统武术谈搏击是离不开这几种模式的，没有习练过这些的习武者在实战中是很难发挥出传统武术的搏击特点的。目前多数人以为传统武术实战是靠套路来取胜的。许多人以为传统武术的套路是前辈经过多年战场、

私斗整理出的行之有效的杀招，这个观点没错，错就错在师父把套路里的招法给你拆开讲过了吗？你有实战的功夫吗？在武术界，老师在传授拳法时，都在提醒自己的学生要下功夫。若不下功夫苦练，到头来也只能是徒有空法骗已而已。俗话说："练武不练功，到老一场空。"因为武术是搏击的艺术，所以它的功夫是离不开以下五点的。1、伸筋拔骨、窝腰踢腿的功夫：练习武术首先要把筋骨伸开，因为只有伸开了筋骨人才能有灵活度。俗话说"脚打七分，拳打三"，如果筋骨伸不开腿就很难踢出力度。2、内功修炼：内功是武术内在的东西，练到身上是不会丢的。这就是武术与其他体育运动本质的区别。而只重打法不练内功，会得不到瞬间发出的能量，没有此能量在搏击时再好的招法也是无用的，没功力打不倒人。内功修炼是离不开道家内养之术的，内养之术是对生命的养护及提升，是一个完整的炼养体系。而武术里的内家拳就是把这种炼养体系，逐步演变成为内家拳独有的内力外发而制敌的拳术特色。3、打斗技巧的磨炼：我们的祖先创造出了武术，它不是硬碰硬的，靠的是招法的技巧，通过长时间的招法技巧练习使招法得心应手并具有百变性，从而在打斗过程中变化出各种招式，这些招式都是通过对方的招法甚至借对方的力变化出来的。4、抗击打能力的功夫：抗击打能力的功法，意在锻炼人的筋骨肌肉、疏通经络血脉、调摄气机等，能使习练者在需要时全身坚硬似铁而不畏拳打脚踢。5、运动知觉：在搏击时自身的反应又叫运动知觉，是下意识的临场反应，这种反应靠的是感觉，靠的是打斗时不用大脑思考，身体自然做出的反应。这种下意识的反应只有通过长期的搏击对抗练习才能练出来。以上所述的综合就是武术界常说的功夫，是通过持之以恒的练习练出来的，所以这才叫实战功夫！

传统武术门派没有好坏优劣之分，因为它们本来就是一家。实战功夫的好坏优劣的关键在于使用者的水平。有人会问现在传统武术门派对抗散打怎么样，传统功夫能不能与散打抗衡？我说能打，但胜算不可测。为什么？一是规则问题，二是中国传统武术已经很长时间没有高水平的打过对抗赛了，只剩下传授和练习，传统武术没有相当一段时间的高水平对抗练习，是恢复不了元气的。要怎么样才能证明传统功夫能打？我认为首先要开放规则，和各种技击、各种门派打，包括拳击、摔跤、柔道、跆拳道等等。因为功夫本身就包括数不清的门派，只有广泛接触和交流，切磋的时候加以保护，才能重新激活传统武术的实战技能。不过，刚开始肯定会不尽如人意，原因一是体力跟不上自身要求，二是运动知觉不足，从而无法马上把所学的招法应用出来。

　　传统武术强大，不代表每个学传统武术的人都无敌，搏击只有在不断的磨炼和交流中才能更强。现在学传统武术的人走岔路的居多。因为传统武术本身就是搏击的艺术，强身健体和美的欣赏只是副产品，而很多人是冲副产品去的，当然也有许多人把这个概念卖给外国人和不懂的人，于是衍生的副产品反而变得比传统武术更加值钱了。我认为应该把传统武术和其中的健身项目分开来，而武术的附属品只充当能够更好地帮助人学习和了解武术的工具，这样才能让人真正了解这门技艺。

　　如果一个学传统武术的人从没打过、败过，则会很难总结出实战的真正经验，只有屡败屡战、屡战屡进、越败越强的那种人才是传统武术的高手。中国武术自古就是从自然实践中总结出来的，所以它肯定是遵循自然规律、人体规律、运动规律的。传统功夫很多是要从小练起的，循序渐进的过程不能少，各种辅助练力的古老方式也不能丢掉，不过一定要加入现代的训练方法，这个过程是要经过相当一段时间的练习的。以前的宗师和高手都是在实战搏击中打出来的，就如我的祖父，小架梅花桩拳一代宗师韩其昌老先生那样。他们那种注重内在的神韵、品格和节操，那种赴擂场而操绝技的本色风骨，那种爱国、爱民族的情怀，我想恐怕再过一万年，都会让人咏怀。

　　传统武术不是比谁的力量大、谁的速度快、谁的身体强壮，而是靠传统武术技击的各种复杂技术及训练方法来弥补中国人力量小、身材瘦弱的劣势。力量和速度当然是决定因素，技术与训练也同样重要。如果仅仅讲力量、速度及身体强壮，那么当遇到比你身体强壮、速度比你快、力量比你大的对手，就不打了吗？正因为传统武术的技能及特殊的训练方法，能够让一个身体处于劣势的人取得胜利，所以传统武术才能以顽强的生命力延续至今，它才是中华民族的瑰宝！

第一章

小架梅花桩拳简介

北京的小架梅花桩拳，是由曾誉满中外的著名武术家"铁臂沱南侠"韩其昌老先生所传。人们又尊称它为韩氏梅花拳，这是因为韩其昌自幼学习戳脚拳、形意拳、八卦掌、太极拳、小架梅花桩拳，他精通各拳种理论、健身技法和搏击精髓。他融会贯通，去其糙粕，取其精华，形成了自己独特的风格，因此，北京的韩其昌老先生所传的小架梅花桩拳就被拳友们尊称为"韩家拳"。这一支的主要传承人是韩家子孙。韩氏梅花拳在北京已传承了五代，而且北京学练梅花桩拳法的人数已过数万，而在我国黄河流域一带练小架梅花桩拳的人数也已几百万之多。在举世瞩目的第二十四届奥运会国际交流节目中，韩氏小架梅花桩拳作为中华武术瑰宝，通过卫星向各国转播，受到五洲四海人士之青睐。1984年第一个梅花桩拳法研究会在北京成立，其后在河南、河北、广东、西安等地也相继成立了梅花桩拳研究会。如今，韩氏小架梅花桩拳越来越引起海内外武术界人士的重视，成为我国颇有影响的拳种之一。

据《梅拳秘谱》记载："五势梅花桩为昆仑派。昆仑派祖师化名云盘老祖，在西域天盘云程孝县清静宫玄金殿传道授拳。梅花桩拳创始人云盘老祖所住的昆仑山上，满山遍野都是梅花，金碧辉煌的宝殿掩映于梅林之中，一派梅园仙境。传说云盘老祖在下山传授拳法时，漫山间的梅花争相开放，朵朵梅花皆对应着世间的每个弟子，并保佑他们健康长寿、事事如意。"祖父讲："梅花桩拳属僧门道派，在家为僧门，出门为道派，属于道教全真龙门派一支。"梅花拳弟子亲如兄弟，他们互相帮助，像一家人一样地生活。

祖父讲："梅花拳是干支五势梅花桩的简称，又叫花拳、梅拳、父子拳等，因有些技法在桩上练习而得名梅花桩拳。梅花桩拳是在长方形拳场上按照套路，每步设一桩，约栽桩百根，每根桩为三四寸粗，人在高于地面三米多的木桩上进行练习。"这种练习方式源于古代的战场。过去打仗经常野外行军，当大军在野外扎营时，为了防备战车及骑兵的冲击就得依地势设立木桩来加以防范。光有木桩不行，还得有士兵在桩上及桩下进行防守，因此才有这种技法的产生。过去，在桩上练习的梅花拳用的是走桩练习法，习练者如果注意力分散，人就会从桩上掉下来。在桩上练习是需要注意力高度集中的，故而在桩上练习久了，人的双脚就自然生根从而能练出功夫。到了清乾隆年间，梅花桩拳开始有了较大的改变。此时，小架梅花拳祖师张从富将梅花拳大架改为小架。这在小架梅花拳《根源经》中有明确记载："清乾隆年间，师祖张从富，自幼天资聪慧，拜本村赵学义为师，习练梅花拳十二庚，内外兼修，文成武就。他在梅花拳大架的基础上取其精华，去其糟粕，加上自己独到的见解，独创小架梅花拳。"张从富创小架梅花拳后，继续秉承"天下梅花是一家"的传统理念，所以，梅花拳也没有因此而产生分歧和矛盾，这是在其他拳派中绝无仅有的。

小架梅花桩拳的诞生源于时代的变迁。由于栽桩练拳费钱、费时、费力又占用很大的空间，所以，张从富祖师才把他由桩上演练改为地上练习，故此他的套路风格及招式发生了根本的改变，由原来的走桩练法变为了站桩练法。五势姿势不但要求横平竖直还要保持三四口呼吸不变，以此来加强底盘功夫，其中他还改变了行步的打法，增加了小八方、中八方、大八方等搏击内容及行步四门兜底阵的打法，因此，他的个人实战性更加突出了。小架梅花桩拳在演练桩步五势时是左右对称的，宛如盛开的梅花，他的行步"三法、四门、大换头"，犹如梅花枝干相连，所以称为落地干支五势梅花桩。

落地干支五势梅花桩又称小架梅花桩拳，其搏击训练分成五个阶段。初步训练即伸筋拔骨阶段，包括各种抻腰压腿、横竖叉、各种踢腿方法等等。这个阶段侧重于伸筋拔骨使筋骨伸开，训练的目的是增加自身的柔韧性及搏击时的灵活度。常言道："手是两扇门，无腿打不了人"，"脚打七分手打三，五行四稍俱合全。气连心意随时用，大破硬进无遮拦。"由以上两个口诀，足见我们在技击之时正确、自如地运用腿法是何等重要，而灵活多变的腿法又成为小架梅花桩拳技击中的一大特长。第二个阶段即梅花桩套路练习阶段。它以小架梅花桩的基本功架套路为主，包括桩步五势、三法、四门、八方及各种变化。通过这个阶段的练习来增进习武者的功力、耐力、速度及基本的打斗技巧，一可以强健体魄，二是为学摔做准备。第三个阶段叫作成拳阶段，它是有套路的互相对打、对摔练习阶段，包括成拳对打、擒拿、各种对练手套等，要求对练双方懂得相互"喂拳"，互相借劲，不顶不抗，能够彼此配合协调，意在掌握搏击技法。第四阶段叫作赢拳阶段，此阶段已经没有一定的套路，无定拳、定势，已经成为两个人随心所欲的打斗了，而且还要以一对十。小架梅花桩拳的以一对众也叫作打公拳，此时已不限人数、不限时间，几个人围在一起，上打下踢，左旋右转，运用大八方的步法声东击西、指南打北，随心所欲地击打格斗。能在乱军搏斗中取胜才算把小架梅花桩拳的搏击之道练好。第五阶段是通过道家的八段锦及武林界特有的十三太保功来练就"金钟罩"、"铁布衫"，也就是抗击打练习及增强手脚打人的力度，并通过内练达到天人合一，以武入道。

　　小架梅花桩拳传入北京，是从韩其昌先生开始的。韩其昌（1893-1988）系河北省深县院头村人，自幼酷爱武学，十二岁起即随韩玉庭、王玉栋、李题明习练戳脚拳，后又师从著名武术大师李存义学习形意拳。二十岁时，拜在小架梅花桩拳赵英廉门下，成为小架梅花桩拳第十六代传人。他天资聪慧，又勤奋过人，再经高师指点，武功大进。

在滹沱河南岸武艺出众，且行侠仗义，素有"铁臂沱南侠"之称。1920年，韩其昌曾任曹锟武术营教官。1929年，韩其昌代表河北省，赴杭州参加由国家主办的"国术游艺会"擂台赛以及在上海举行的有两千多名武林高手角逐的比赛，并在其中力挫群雄，荣获"赛孟贲"（注：孟贲是战国时英雄，力大无穷，能生拔牛角）银樽一座。当时的《杭州早报》头条刊名为"雄霸天下无人能敌的韩其昌"，从此他在全国名声大振。

韩其昌

1932年，韩其昌来到北平，曾在志诚中学、师大女附中、贝满女中和中国大学、北平师范大学担任武术教师。他把一生所学的武艺进行挖掘整理，丰富了小架梅花桩拳的内容。1933年冬，他创建了"燕京健族国术研究社"，亲任社长。在此期间，他多次救助并掩护共产党的地下党员。新中国成立他在北大任武术教师，先后在北京大学、清华大学等多处教授小架梅花桩拳，培养和造就了一大批小架梅花桩拳的研究者和习练者，被北京学子们风趣地称为"燕北翁"。在抗美援朝期间，他亲自带领学生们参加捐献飞机、大炮的义演活动。

韩其昌还在中央警卫二师做过武术教官，同时在北京市公安学校教授擒拿格斗。50年代以后，韩其昌先生在北京大学等高等学府培养出一大批小架梅花桩拳的精英骨干（如佛山大学的李铭清、山东大学的燕子杰、中国地质大学的李培基、北京理工大学的张文广、清华大学的王志忠等），后者又在各地开枝散叶教授小架梅花桩拳。可以这样说，目前流传的小架梅花桩拳都出自韩其昌老人家之手！

韩其昌在选材和教学中，不仅继承了梅花拳收徒严谨的制度，而且注重对习武人品德的考察。他要求弟子要以德服人、以理服人，不能做一个没有头脑的武夫！韩其昌先生的理论、观念已经在小架梅花桩拳传入北京的这八十多年当中得到了最有力的体现和证明。1984年，他成立北京梅花桩拳法研究会，任会长。1988年9月3日病逝于北京，享年九十四岁。

韩其昌先生在梅花桩拳的传播和普及上，具有承先启后的重要意义，是中国武术界一座不朽的丰碑。正可谓：年少英豪，痴拳艺，名师门下，戳脚始。再习形意，百家兼纳。深县搏击多问鼎，沪杭攻擂逐争霸。侠肝胆，称铁臂沱南，传佳话。京城勇，云叱咤，国术社，情无价。助清贫弟子，万难不怕。面命耳提言艺理，苦心孤诣催白发。平生愿，唯遍地梅园，同桩踏。

韩建中，1941年生于北京，中国人民警官大学高级教官（三级警监），现系北京梅花桩拳非物质文化遗产传承人。自幼随其父韩其昌先生习武，深得梅花桩拳真传，是享誉中外的武林名家。

韩建中先生在公安大学的教学过程中多次获得教学质量奖和教学管理奖。1983年荣获全国优秀武术辅导员荣誉称号，1984年被评为北京市优秀武术辅导员，1988年编导了第二十四届汉城奥运会"空中彩虹"武术交流节目。1990年任第十一届亚洲运动会大型团体操"中华武术"刀术表演总教练，1991年代表北京市赴日本进

韩其昌之子韩建中

行武术交流表演、获得一等奖，1995年7月和1997年4月任两届河北省深州国际形意拳交流大会四千多人开幕式总策划、总编导、总教练和副总评议长，1999年10月任首届中国武当拳国际联谊大会武术比赛总评议长。2005年任中华龙第二届世界太极拳健康大会开幕式三千多人大型团体表演的总策划、总编导、总教练。2006年担任第一届"中国功夫之星全球电视大赛"评委会总裁判长，并先后到美国、法国、德国、荷兰等国进行武术交流和访问。2007年担任CCTV-5"武林大会"总评判长，2009年在CCTV-5中国武术首届WMA职业赛事中担任现场直播总裁判长。2010年任全国梅花拳武术比赛总裁判长，2011年任"武行天下"中泰国际大赛总裁判长，并于该年任陈凯歌导演的五百人参加的实景剧《西夷之大理》的武术设计和总指导。韩建中先后被少林寺拳法研究会、少林寺聘为武术指导，并被全美国少林拳法总会、全球洪门联盟、中国台湾洪拳武术协会、香港形意拳李老能研究会、北京大学武协技击研究会、北京大学武术研究中心、中国国际文化艺术交流促进会、广东省梅花拳研究会、武当拳拳法研究会、峨眉拳拳法研究会、海南师范大学、安阳师范学院、博武网等几十个单位聘为顾问、名誉校长、名誉教授或名誉馆长。1999年被法国巴黎市长特别签署授予"体育贡献奖"，2006年被评为"全国体育贡献十佳风云人物"。

  韩建中著作颇丰，著有《梅花桩》、《梅花桩续集》、《五式梅花桩》、《五式梅花桩实用技击术》、《擒敌制胜八十八法》、《神招克敌》、《实用擒拿术》、《擒拿反擒拿》、《夺凶器基本技法》等十几本著作，并参加公安部擒敌技术教材的编辑工作，在全国多家刊物上发表近百篇文章。1998年8月至2004年间，韩建中在中央电视台"康乐年华"、"早安中国·早晨"栏目中主讲"擒拿一招"长达近五年的时间，受到社会各界人士的关注与赞誉。2011年韩建中又深入基层走访四十多个市县一百多个乡镇，进行梅花桩拳的挖掘整理工作，用电脑记录了300

多G的文献资料。特别是近五年电视新闻媒体对武术的赛事及武术健身等的报道，使韩建中成为对中国武术的贡献最突出的公众核心人物之一。

《人民日报》、《工人日报》、《中国体育报》、《中国教育报》、《中国政协报》、《人民画报》、《徐州日报》、《衡水日报》、《中华武术》、《武魂》、《武当》、《武林》、《精武》、香港《中国功夫》等报纸杂志，中央电视台、北京电视台、山东卫视等多家新闻媒体都对韩建中进行过采访和专题报道，表彰他的业绩。韩建中的名字被收录在《世界名人录》、《中国杰出人物大典》、《世界优秀人物大典》、《中国专家大词典》等大典之中。现在，韩建中的博客"武行天下"，已成为弘扬武术精神和文化的平台之一，点击率较高。

身为武术高级教官，韩建中对中华武术的发展、传播、提高及国家的安定团结做出了积极的贡献。他培养的上千名弟子中有的获得世界冠军及全国或市级武术比赛的金、银牌，有的走上了特殊的工作岗位，成为维护社会治安的中坚力量，正可谓桃李满天下。

韩建中对武术的追求始终没有停止过。为了发掘搜集、分类编整、考证注解武术史料，他行走于山水之间。他说："中国的武术培养了我，我是这个肌体中的一个细胞。虽然渺小，但我终身将为我从事的事业竭尽全力，报效生我养我的中华民族。"这就是毕生武学无止境、放踵磨顶、寸心至死如丹的韩建中先生。

韩超是梅花拳一代宗师韩其昌嫡孙，中国人民公安大学高级武

韩建中之子韩超

术教官韩建中之子，小架梅花桩拳非物质文化遗产传承人，现道名韩罗超，道号玉昆子。1968年9月2日出生于北京，六岁起随祖父韩其昌，父亲韩建中习武，曾系统地学习梅花桩拳、形意拳、戳脚拳、太极拳及气功等，在武术领域颇有造诣，并著有《道家内丹修炼秘笈》、《太极拳真义》、《太极拳秘谱》、《形意拳真义》、《戳脚拳秘谱》、《阴阳五行的奥秘》、《中华剑道》、《内功是怎样练成的》、《铁臂侠韩其昌》、《旨琴问道话养生》、《太极拳要略》等著作。1993年曾任海南省边防部队武术教官，2010年代表北京市道教协会去台湾进行学术交流，受到台湾武术界及道教界的好评。

韩超曾就读于中央民族大学宗教专业，现任北京市梅花桩拳法研究会会长、福建泉州玉虚观住持、北京第六届武术运动协会理事、广东省梅花桩拳法研究会顾问、台湾太上传真道教会顾问、台湾洪门总会武术顾问等。

韩超在练功的四十余年中，非常重视武学思想中"道"的内涵。他秉承祖父韩其昌先生"尊师重道，习武修德"的宗旨，注重心、意、性、命的修炼和道德教化的践行。他除了武术，还酷爱古琴艺术，现今正在挖掘整理古琴、瑟、箫、木鱼、磬等乐器组合的道家题材的经典曲目。近年来，韩超在武道与古琴艺术方面广收门徒，志在弘扬武术和道教文化，力争把武术与道家文化推向世界。

第二章

小架梅花桩拳拿法 *

武术搏击主要包括踢、打、摔、拿四个方面。在惊心动魄的格斗中这四个方面相互关联、交替使用、缺一不可,需要根据不同的时机、位置、对象,该打则打,该踢则踢,该摔则摔,该拿则拿。一个精深的武术家踢、打、摔、拿四方面必定娴熟掌握并能得心应手地运用。擒拿是搏击的基础,也是在学打之前先要研习的技能之一,故本书先从擒拿讲起。

付费下载高清大图

小架梅花桩拳法中的擒拿技术是上千年来无数前辈在实战中总结形成的。一代武术宗师韩其昌先生又对其进行精研深究,使其精髓得到进一步充实与弘扬,更显出其重要的搏击价值和文化价值。"六把总拿"就是韩其昌先生总结的擒拿练习法。六把总拿即外掰拿、盘肘拿、扣指拿、缠腕拿、左右金丝拿、虎抱头六种拿法。六把总拿是练习听劲、化劲的好方法。此练法连环反复,还可变化出多种擒拿的技法,它是小架梅花桩拳搏击的基础。小架梅花桩拳在搏击中的上盘功夫包括刁、拿、锁、带、勾、搂、抱、打、崩、挑、劈、砸。拿法是小架梅花桩拳上盘对敌技法的重要组成部分。

六把总拿练法如下:

预备式

甲乙双方面对面站立(如图)。

---

* 本章及以后各章的图,均按从左到右,从上到下的顺序排列。

外掰拿

1. 甲上右步出右拳击打乙面部（如图）。
2. 乙出右手刁住甲右腕（如图）。

3. 同时旋拧甲右腕（如图）。
4. 甲方右手顺乙劲道向乙方左侧支出，同时迈右脚，左脚跟半步（如图）。

5. 甲左手迅速抓住乙右手腕部（如图）。
6. 同时右手黏住乙方右手，翻手与左手扣住乙方右腕（如图：特写）

 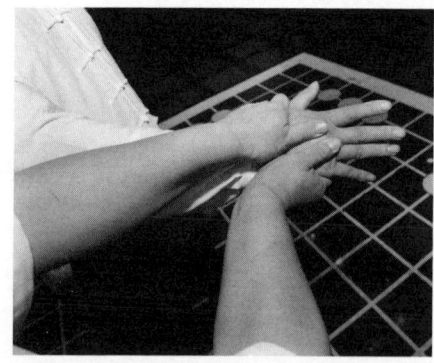

7. 同时向甲身体左侧外掰拿住乙方（如图）。

8. 乙方借甲方劲道，右脚上半步，右手向甲身体左侧支出，破甲方外掰拿（如图）。

9. 甲方顺势左手控制乙方右手，同时松开右手前伸，钳住乙方咽喉（如图）。

10. 乙方顺势脖子后仰，左手托住甲方右手腕部，同时向甲方面门推出（如图）。

盘肘拿

11. 甲方迅速后闪，左手扣住乙方右手腕部，使之与甲方右臂部紧贴（如图）。

12. 同时甲方右肘由上向下划圆盘压乙方右臂（如图）。

扣指拿

1. 乙方右手向上托架甲方右肘尖（如图）。

2. 甲左手向下摘脱乙方左手（如图）

3. 甲方同时向后撤右步，左手迅速抓住乙方右腕，使乙右手紧贴住甲右肘尖，同时右臂向下扣压住乙右手四指（如图）。

4. 乙顺势迅速上左步，左手托住甲方右腕（如图）。

缠腕拿

1. 甲方向右侧闪化，同时左手扣住乙左手背（如图）。

2. 甲右手黏住乙方左手，向上划弧，并扣住乙方右腕，同时双手由下向上划圆下压，缠拿住乙方左手（如图）。

3. 乙方迅速伸右手抓住甲方右手腕部（如图）。

4. 向上摘脱甲方右手（如图）。

右金丝拿

1. 甲方左手迅速扣住乙方右手（如左图）。

2. 同时左脚向前迈出，右腕立起上钻（如图）。

3. 右手翻腕抓住乙方右腕（如图）。

4. 向下裹压乙右腕部（如图）。

5. 乙方迅速出左手，抓住甲方左腕，向上摘脱甲方左手（如图）。

左金丝拿

1. 甲方右手向乙右手大指一侧旋转，逃脱乙右手（如图）。

2. 同时右手迅速扣住乙方左手（如图）。

3. 同时右脚向前迈出，左腕立起上钻（如图）。

4. 左手翻腕抓住乙方左腕（如图）。

5. 向下裹压乙左腕部（如图）。

6. 乙方迅速出右手，抓住甲方右腕，向上摘脱甲方右手（如图）。

7. 甲方左手向乙左手大指一侧旋转，逃脱乙左手（如图）。

虎抱头

1. 甲方上左步，左手迅速由乙方右手腕下方向怀中抄抱住乙方右手，

2. 使乙方右手腕部贴紧自己右腕（如图）。

 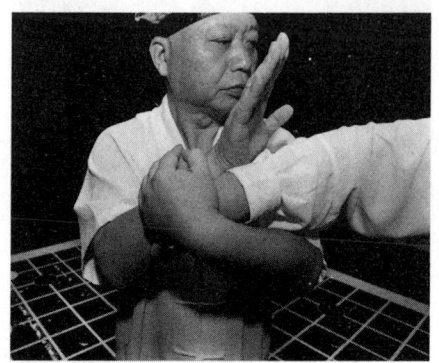

3. 同时，甲方右手抓住乙方右腕，向下旋拧乙方右腕（如图）。

4. 乙方向后撤右肘，化解甲方劲道（如图）。

5. 同时左手抓住甲方右腕（如图）。

外掰拿

1. 同时右手黏住甲方右手，翻手与左手扣住甲方右腕（如图）。
2. 同时向乙身体左侧外掰拿住甲方（如图）。

如此反复练习。注意此练习法重在练巧，勿使蛮力。

要想正确地使用拿法，仅仅靠手的技法及力量是不够的，还必须有身法和步法的巧妙配合。祖父说"上步需要先上身，脚手齐到才为真"，"脚去手不去，必是偷来艺"，这些话足以证明老一辈武术家对身法、步法何等重视。动则全身俱动，用的是整力、全身之力，而不是局部之力。靠一只手、一只脚，不懂得用整力、用身力，是难以拿住敌人的。

没有步法就谈不到身法，没有身法就不可能产生整力，所以要讲究手、眼、身、步诸法的完美统一。梅拳擒拿理论中讲究"三拉三闪，三追三赶"，其精髓一方面是指在擒拿过程中，将身法和步法配合好。手快不如变身快，变身快不如步法快。拿法的招数技巧与身法、步法配合好才能随屈随伸、神出鬼没，才能更快、更猛、变化自如。而且在擒拿过程中的劲道、劲力能够随上、赶上、粘上、贴上……敌方不论是前伸、后撤，还是左拨、右转，或者上抬、下压，我们所拿的力量均能够随上，要做到劲力不减、不散，能始终将对方控制住。

祖父讲"动知者易，运觉者难"，意思是我们知道对方"动"还是容易的，这只是第一步。难就难在对方稍微一动，我们不仅要能够灵敏地感知到，同时还要能够察觉对方运动的方向、劲道，甚至他拟用的招法、计谋等等。这种知觉一时是很难练出来的，需要长期苦练和实战才能逐渐养成。祖父经常讲："不会挨打，就不会打人。"在练习擒拿中也一样，只想拿别人，占别人便宜赢对方，不亲自尝一尝被对手拿住的感觉，是不可能学到擒拿中劲道的变化的。通过不断的印证、揣摩，擒拿的技术才能进步得快，贫道希望习练者谨记这一点！

第三章

小架梅花桩拳实用擒拿术

一、单拿

甲乙双方对立而视。

乙方出右拳直击甲面门。甲右臂粘住乙方右臂,由下向上划圆向外拨搅乙方右臂,同时向前迈左脚。然后迅速迈出右脚(注,不要以右脚别乙方支撑腿,谨防乙方用撑拔腿反制)。左手按住乙方腰眼,右臂贴住乙方前胸,双手合力,向左转身将乙方摔倒。(如图)

二、外掰拿

甲乙双方对立而视。

乙方右手抓住甲方衣领。甲方左手迅速扣住乙方右手腕部，同时右手由下向上抓住乙方腕部，而后撤左步向左裹身，外掰拿乙方右腕，将乙方摔倒在地。(如图)

三、抹眉拿

甲乙双方对立而视。

乙方出右拳直击甲方面门。甲方猛然躲身，右臂划圆搬住乙方右臂，同时迈右脚向前斜插。然后上左步迅速站到乙方身后，同时以左手摸住乙方双眉，向乙方身后由上向下划圆，抹倒乙方。（如图）

四、头拿

甲乙双方对立而视。

乙方右手抓住甲方头发。甲方双手扣住乙方右腕，使乙方腕部与甲方头部紧贴，同时上右步，以头由上往下向乙方左侧顶压其右手腕部，将其制住。（如图）

五、白猿摘桃

甲乙双方对立而视。

乙方出右拳直击甲方面门。甲方以右臂接手震落乙方右臂，而后迅速迈左脚到乙方身后，以左手按住乙方天灵盖，右手托住乙方下颚，双手向后向下旋转乙方头部，摔倒乙方。

六、托枪

甲乙双方对立而视。

乙方右手刁拿甲方右腕。甲方右手顺势向大指一侧顺时针旋转右腕，同时向后退右臂，借势以右手勾住乙方右手四指，反折叠乙方手腕，迅速上左步，左手拖住乙方右肘。双手先向后领带乙方右臂，同

时托拿乙方,并向乙方身后扔出,使乙方倒地。(如图)

七、跪拿

甲乙双方对立而视。

乙方出右拳、上右步击打甲方面门。甲方左手由下向上绞架乙方右臂。同时迅速潜身进右步，以右脚别住乙方右脚，右手同时看住乙方右脚。右膝跪顶乙方右膝内侧，使乙方倒地。（如图）

八、抄腿掰拿

甲乙双方对立而视。

乙方右脚蹬踹甲方胸腹部。甲方闪身，以右手抄抱乙方右腿，左手扣住乙方右大腿内侧。同时上左步，双手上提挫拿乙方右腿，将乙方摔倒在地。（如图）

九、圈脖拿

甲乙双方对立而视。

乙方出右拳直击甲面门。甲猛然躲身，右臂划圆搬住乙方右臂。同时上左脚，右臂向前插，右掌上翻别住乙方脖颈，然后撤右步摇身把乙方摔倒。（如图）

第三章 小架梅花桩拳实用擒拿术

第四章

擒拿术总论

　　小架梅花桩拳的擒拿法主要突出体现了上步进身的技法。在实战中它与踢法、打法、摔法一起运用，灵活多变，处处表现出打中含拿、拿中含打、手中有手、劲后有劲的特点，使对手难有还手机会。小架梅花桩拳的擒拿招法有刁、拿、锁、扣、点、扳、缠、拧、旋、挫、封、闭、捆、卷、切、蹩等。其交手接势是拿制对手的关键，故要求手法要有一定之规，运用手法要轻灵，不要猛抓硬拉、强扭强扳，要以粘连相随、随曲就伸、以柔克刚、借劲使劲的方法扳拿对手。抓拿的手型、手法、部位要准确，这样才能达到拿其一点而制服全身的奇效；一定要掌握时机，切勿露形，一旦得势就要迅速进招，在对方措手不及之时才能将其制住；施用招法时，要讲究虚实，善于运劲、变劲、借劲，抓准机会发劲。在被对方擒拿时，要审对方之意，听其劲路，及时运劲，以顺人之势，借人之力，逆来顺受，从而化解并反击之。

　　擒拿法同摔法、打法一样，注重周身之力。在技击实战中，身法与步法的变化及其发挥，对于组织有效的进攻和防守，起着特殊的作用。身法与步法是运劲、发劲、展开攻击的总机关。每一招的运用都是从腰的转动及脚步的变化开始的，无论是擒拿与解脱，还是控制与反控制，其关键都在于手法、身法和步法的密切配合，不能误认为擒拿法仅是"用手擒住对方肢体，拿别其关节"，其实不是这么简单。武术向来就有"上步先上身，手脚齐到才为真"的说法。当用手抓住对方上肢关节时，就要迅速上步进身，运用脚步关别对方的前脚，封住其后退的趋势，阻其变化；同时运用身法挤靠其身，破坏他的平衡，使得他势背力僵，运用周身整体之劲才能有效地制服对手。

擒拿不仅注重手、眼、身法、步的协调配合，而且对肩、肘、腕、胯、膝的运用也不能忽视，虽然人体的肩、肘、腕、胯、膝是受拿制的重要目标，但是这五个关节具有屈伸旋转的功能，可产生缠绕变化和螺旋屈伸的作用，这种作用对于擒拿与反擒拿、控制与反控制起着积极作用。这才是巧变的根基，才是劲力不显、行踪不露、技法严密、招法妙出的关键，才能更容易达到拿制或解脱的目的。因此若能灵活运用肩、肘、腕、胯、膝，擒拿术则如虎添翼。初学擒拿术时，必须从基本的技法入门，从中体会技法的运用和劲道，熟练之后，才能有懂劲的功夫，才能掌握擒拿与反擒拿、控制与反控制的生克制化规律，才能融汇贯通各种擒拿技法。本章将对此一一细述。

一、人体知识在擒拿中的应用

习擒拿者，要想尽快掌握擒拿技术，就要学其法、明其理。擒拿的对象是人，所以首先应该了解人，了解人体，人体活动规律，人的心理因素、生理因素、人体的结构、人体的要害薄弱部位等，只有了解了这些才能把握擒拿要领。

1. 人体骨骼知识

人的运动系统由骨、骨连结和肌肉三部分组成，三者联系密切。骨是运动的杠杆，骨连结起枢纽作用，骨骼肌则是运动的动力部分。运动系统的功能是多方面的，首先在于使身体进行空间移动及使身体各部的相互关系发生变动，并能维持人身体各部分以及整体的姿势、位置，除此外还有支持体重、构成人体基本外形、保护脑髓和内脏、协助内脏的活动等等功能。

人体骨骼分为中轴骨和附肢骨两大部分，又有长骨、短骨、扁骨、不规则骨四类。骨的内部构成又分骨膜、骨质和骨髓。骨的化学成分是由有机物和无机物构成的。骨的有机物使骨具有弹性，无机物使骨具有坚固性。从力学角度分析，骨的结构有以下几个特点：骨小梁是按照一定的次序排列的，一部分骨小梁与压力方向一致，组成压力曲线；另一部分骨小梁与牵引力方向一致，组成张力曲线。骨小梁的这种配布，使骨能够以最小的材料达到最大的坚固性。研究表明新鲜的骨能承受15公斤/平方毫米的压力，并且具有几乎相等的抗张力。骨受到压缩负荷时，是通过两端传递压力的。根据运动生物力学的分析测定，骨的压缩负荷、拉张负荷、弯曲负荷都较强，而它的扭转负荷较弱，也就是说骨的扭转强度较小。

2. 人体骨连结（关节）知识

人体全身骨与骨之间以一定的结构相连，称为骨连结。骨连接分为两类：直接连结和间接连结。直接连结根据骨间连结组织的不同，可分为纤维连结和软骨连结。这种连结是没有任何间断和缝隙的连结，它的活动范围很小或完全不能活动，故又称不动关节。间接连结又称滑膜关节，简称关节。关节的基本结构包括关节面及关节软骨、关节囊和关节腔。

骨关节面是指连结骨相邻的骨面，一般为一凸一凹，即关节头与关节窝。关节软骨具有弹性，可承担负荷，减缓震动和防止骨关节面的磨损，以及增加关节的灵活性，它覆盖在骨关节面上。附在关节面周缘的骨面上，包住关节四周的组织叫关节囊，它分为内、外两层，外层为纤维层，内层为滑膜层。在某些关节，纤维层局部增厚，形成韧带，以加强关节的稳固性，限制关节过度运动；滑膜层薄而光滑，含有丰富的血管和淋巴管，能分泌少量滑液，润滑关节和滋养关节软骨，并有吸收的功能。关节囊的滑膜层与关节软骨之间围成关节腔，内含少量滑液。关节腔内负压，低于大气压，这对维持关节的稳固性有一定作用。

为适应特殊功能的需要，分化的一些结构称为关节的辅助结构。

关节的辅助结构主要有韧带、关节内软骨、关节唇、滑液囊和滑膜关节的辅助结构，分别有增加关节的稳固性，限制关节过度运动及避免关节面过大的撞击和磨损，减少肌腱与骨之间的摩擦等等的作用。

关节的运动形式与它的形态结构密切相关。各关节面的形状不同，其运动形式也就不同，每一关节的运动都可以说是围绕着一定的轴进行的。人体的关节可分为单轴关系、双轴关节和多轴关节三大类。

单轴关节只能围绕一个轴运动，例如滑车关节，其关节面形似滑车，比如手指间关节，它们只能绕一个轴作屈伸运动。又如车轴关节、桡尺近侧与远侧关节，其关节面的一面像圆柱状，另一面为环状或部分环状，只能绕垂直轴作旋转运动。

双轴关节是指可绕两个运动轴运动的关节，如椭圆关节（桡腕关节），其关节头呈椭圆形凸面，关节窝为椭圆形的凹面，能绕冠状轴作屈伸运动和绕矢状轴作内收、外展运动，也可一定程度地作环转运动。又如鞍状关节（腕掌关节），两骨的关节面都呈马鞍状，作十字形交叉结合，可作屈伸与内收、外展运动，还可稍作环转运动。

多轴关节具有三个互相垂直的运动轴，可作多种方向的运动，如平面关节（腕骨间关节），其关节面接近平面，因此是多轴关节的一种形式，可作滑动。典型的多轴关节是球窝关节，关节的头呈球状，关节窝小而浅，因而它是人体活动范围最大的关节，如肩关节，可作屈伸、内收、外展旋外和环转运动。

韧带的多少与强弱、肌肉的力量、关节的类型都影响关节运动的幅度。我们了解了骨和骨连结，在实施擒拿中就能够根据不同位置，采取相应的技术控制关节，应用不同的扭转力量、扭转方向，损伤、破坏韧带、肌肉和关节，使之丧失战斗力。了解了人体骨、关节活动的规律和范围，及外界击打所能触及的要害部位，在实施擒拿技术时，便可以利用人体中各个关节的不同活动范围规律，根据韧带的强弱、对方的不同站位、身体姿势，伺机实施擒拿。

3. 人体神经系统知识

研究学习擒拿技术，除研究掌握有关关节的知识外，还要掌握有关人体神经系统的知识。神经系统是人体主要的机能调节系统，人体各器官系统的活动，都是直接或间接地在神经系统的控制下进行的。神经组织是由神经元与神经胶质构成的，神经元是神经系统的结构与机能的基本单位。神经系统可分为中枢神经与周围神经系统两部分。中枢神经系统由脑和脊髓组成，脑又分为大脑、间脑、脑干及小脑。从脑和脊髓发出的神经纤维构成周围神经系统。

神经系统的机能是很复杂的，但它的基本活动方式就是反射，中枢神经系统通过感受器和传入神经接受刺激而产生感觉，又通过传出神经支配各效应器官的活动。人的思维和意识活动，就是大脑皮质一定的神经反射活动的产物。

了解了神经对人体活动的重要意义，可进一步研究神经的走向，以便在擒拿中能够正确地选择掐拿和击打的位置，取得更好的擒拿效果。神经多沿骨干与血管伴行，大多处在肌群的深处，外边有较厚的肌群保护，但是它通过关节或者人体某些特定部位时，常常出现外边肌群较薄或没有肌群保护的情况。例如颈椎部，如果在搏斗时对颈椎实施切打、搬拧、旋拧、颈椎错动，必然会伤其中枢神经，重者则会死亡。又如肘关节鹰嘴沟处，有尺神经通过，肌群较薄，如果在擒拿过程中，对肘关节实施掐拿或击打，会直接伤及尺神经，使对方前臂疼麻无力，臂不能抬起，从而失去抵抗能力。

二、擒拿中的手与手法

在惊心动魄的格斗中，根据格斗的时机、所处的位置、面临对手的不同，可采用不同的方法。该打则打、该踢则踢、该摔则摔、该拿则拿。格斗并不是单一的连续重复，而是各种技法的交替使用。进攻时，需要一招接一招、一招套一招、一招比一招严密、一招比一招猛

烈。防守时又要求招招破敌、粘连不离、有章有法、得心应手。因此造诣精深的武术家，踢、打、摔、拿四个方面必定都能精熟掌握，并能在实践中得心应手地加以运用。

有些习武者非常重视踢、打、摔的练习与运用，而对于拿法却重视不够，其实在搏击中拿法是非常重要的，它是搏击近战中不可缺少的一种技法。拿法不是孤立的拿，我们在实施踢、打中也融入拿法的技巧，特别是近战的摔法之中，更是摔中有拿、拿中有摔，所以说拿法不仅是一种独立的应用技法，而且在踢、打、摔三种技法中也能起着重要作用。因此各门各派都非常重视拿法的练习和拿法在实战中的应用。

1. 实战中手的作用

实用擒拿技术千变万化。擒拿中手法运用的好坏，是取得胜利的重要因素之一。俗话说："行家一出手，便知有没有。"通过简单的一伸手、一投足，行家就能看出你功夫的深浅、练的是哪家拳术功法。在梅拳理论中有许多关于手与手法的精辟论述，如"得门而入"的理论中就指出："拳之摧人，必近其身，方能跌出，如物之藏于室，不得其门而入时，纵有神仙拳，无由登堂直入探而取之。"意思是说：当进攻敌人的时候，必须先接近对方的身体，不接近敌身，就谈不到制住对方、打倒对方。接近敌身，是制住或打倒对方的先决条件。要想接近敌身又谈何容易？敌身就好似一件东西藏在房屋里面，如果不想办法进到房子里面，甚至连房子的大门都没有找到，想把房子里面的东西拿到手，是不可能的，只能说是一句空话。在武术擒拿技击中将两只手比作房子的两扇门，小架梅花桩拳将手这道门又细分为三层，俗称三层门：手尖、手腕为外大门，肘部为二道门，膀根是第三层大门。能够打开这三层大门就如同走进院中、来到屋里，招法便有机会施展。假如只是打开了第一道或者第二道大门，是刚刚走进院中，根本没到屋里，当然谈不上"探囊取物"。如果在擒拿技击中刁住、抓住、挑开、拨开的只是手尖、手腕或者肘部，没有控制住对方的膀根部，此时出手快者得先,手慢者吃亏,而这仅仅是一拳一脚的得与失,并没有将对方控制住,对方仍然有机会、有能力更拳换势,改变招法和进攻的策略,发起新的攻势。擒拿技击中只有控制住对方的膀根,也就是只有打开对方的第三道大门,才能随我变化,使得对方只有招架之功而无还手之力。因此可以得出结论:只有打开三层门才能稳操必胜之券。

2. 擒拿中的手法策略

在搏击中和擒拿时的手法很多,一般常用的有"先发制人"和"后发制人"两大类。先发制人和后发制人都是军事术语。先发制人是指在敌人意想不到的时机,毫无准备的情况下,集中绝对优势兵力突然猛烈地发起进攻,达到一举挫败敌人的目的。后发制人是指充分发挥主观能动性,采取各种积极的手段,夺敌士气,疲敌体力,逐渐地疲惫和削弱敌人,然后适时抓住有利战机,集中兵力将敌消灭,这是一种以逸待劳的战法。先发制人就是当与对方格斗时,不等对方出手攻击,就先出手,打对方一个措手不及,出其不意,以迅雷不及掩耳之势制住对方,赢得胜利。后发制人即指当对方出手向我进攻时,避其锋芒,然后再出手还击对方的策略。后发制人的优点是能够清楚地观察对方招法的特点和弱点,摸清来龙去脉,抓住有利时机的空隙,准确有力地还击对方。

在搏击和擒拿时,先发制人和后发制人各有其优点和弊端。而有一种后发先制的手法,虽然出手进招晚于对方,可我们所发出去的手犹如雷霆闪电,完成整套攻击动作却在对方之前,既有后发制人的效果,又有先发制人的威力,我认为这才是搏击或擒拿中值得采用、发扬的战术手法,因为此种打法既不失德,又显得有教养,只是在被迫无奈之下出招还手,此乃无奈之举。但是应该注意,不论是采用先发制人、后发制人还是后发先制的战术手法,决不能忘记一出手就应该想办法打开对方的第三道大门。控制对方膀根部,粘连不离,随它任意变化,都不让对方脱出自己的控制范围,否则再好的战略战术、再

好的招法也会落得个竹篮打水一场空。近其身控制对方膀根就能收到开寸离尺的效果。即拨开对方膊根部 1 寸，前面手梢就会离开或移动 1 尺，对方必然会出现防御中的空隙或漏洞，小架梅花桩拳术将这种开寸离尺的手法称为"闪门之法"。

擒拿技术是与敌人进行近战的一门格斗技术。短兵相接不但要求用技巧、招法打开对方的三道大门，而且还需要从拿的劲力上控制住对方的三道大门。有些擒拿技法从表面上看只是拿住了对方的梢节部位（手指或者手腕），但是所拿的劲力已通过梢节传至中节直到根节。祖父经常教导门徒："在运用拿法时必须能够拿住对方的三节，只拿住一节或二节是拿不住对方的"。这种劲力的养成是非常难的，它不但要有巧妙的擒拿连环招法，还要有力，最重要的是养成一种武术技术中特有的"知觉"，"动知者易，运知者难"。擒拿格斗中，对于对方的稍稍一动，不但知道而且能够相应作出快速的反应，从运作技巧和劲力上都能够迅速贴上、粘上、随上、跟上，以此使对方落于劣势。

3. 擒拿中手法的"巧"和"力"

在擒拿技术手法上有些人对"巧"和"力"之间的关系认识不够，处理得不好，其实"巧"和"力"是相辅相成的，缺一不可。"巧"（技巧、技艺），在巧中求快、快中求准、准中求狠；"拿"字是拿手握拢的意思，就是说要用"力"。武术中的擒拿，"擒"是指反挫关节、分筋错骨，"拿"就是掐拿穴位、刁拿锁扣。俗话说，百巧奇能，无力不行。"巧"的有效发挥，大都是通过"力"来表现的。正所谓"以巧破千斤"只是话的前半句，应该还有后半句是"千斤力在后"，这样意思才算完整，因为在擒拿中拥有力量也是非常重要的。擒拿中"只有抓得住，才能拿得住"。要想把对方拿住，就先得想办法抓住对方。抓住对方第一要靠力量，即有一定的功力，就如同吊车要吊起一件重物，它本身的承受力必须超出重物，甚至大大超出重物；第二要讲速度和时机；第三要懂得拿和抓的要领和奥妙。虽说"千招百能，无力不成"，如果一个人只会靠傻力、蛮力、笨力、拙力以及乱拧乱撅去抓拿对手，那么遇到力气比自己大的对手，就只能束手就擒。因此拿法的精要是巧拙相济，刚柔结合，既不只是逞蛮力，也不只是注重技巧。只注意了技巧招法，而忽略了力量在拿法中的重要作用，就如同大人与小童比试拿法，小童即使精熟抓拿技法，由于本身力量相差太远，其作用于大人之手时，犹如蚍蜉撼树，无可奈何。因此，"巧"和"力"同样重要，缺一不可。

力量的获得是通过石锁的练习、基本功的练习和对拿套路练习以及武术功法的练习逐渐养成的。通过长期的练习，身体由表及里都起了变化，不仅增长了力量，还能做到"三节九段合整如一"，初步达到形、气、神的统一。这时再学习实战擒拿技术，才能较深刻的领会拿法中以巧破千斤的奥妙，才能掌握借劲、顺劲、听劲、化劲、用劲的规律和原理。

小架梅花桩拳论中述有："见劲使劲借他劲，不可争力逆进行。"可以说这也是拿法的基本原则。它精辟地阐述了擒拿劲力如何发挥和运用。它要求在施展拿法时，首先洞察对方的各种招法变化和劲力变化，并能够从招法到劲道、方向、动作等方面，迅速地跟上对方、随上对方、贴住对方并能借助对方的力量，顺劲拿住对方，即所谓因敌而变。正如孙子兵法所言："兵无常势，水无常形，能因敌变化而取胜者，谓之神。"它要求能顺应对手的变化而动。如果在拿的过程中，自己的力量与对方的力量相互顶扭在一起，僵在一起，跟不上对手的动作，甚至为其所引导、所控制、战机失尽、巧劲全无，只有招架之功，还怎么谈拿法中的"巧"字呢？这样是不可能拿住对方的。故此，在擒拿练习时要注重上述问题！

4. 小架梅花桩拳擒拿的原则

各种拳法都有它自己的擒拿风格和劲道，梅拳中的擒拿更含有极深的哲理和兵家韬略。比如梅拳擒拿原理中讲："出手引敌手，伸手不

见手,见手必使手。"即在与敌手对拿的过程中,犹如与敌手摆迷魂阵,使其摸不清乙方的真实意图,甚至有意无意地按照自己的路数而动作,使之引入为他而设的陷阱为我所制。有的时候伸出的手并没和对方肌肤接触,只是在对方面前虚晃引逗,当对方一出手进攻,则将手迅速抽撤回来,仍然和对方保持一定的距离、角度和方向,以观察对手的动静虚实。有的时候为了更有效、更直接地引逗对方出手进攻,有意先将手伸出,给出破绽,发出去的手并不避让,任凭对方来抓,可是当对方真的上当出手来抓时,又忽然把手抽了回来,更换招势,出其不意地制住对方。此种手法变化较快,时抽时出、时左时右、时上时下、时有时无,好似用手与对方捉迷藏。梅拳称这些手法为"出手引敌手,伸手不见手"。在互相出手抓摸引逗时切记一条,就是与对方的手或者身体的任何一个部位接触时,就决不犹豫,迅速进招攻击对方,决不能再将已经伸出去的手撤回来,重新出手进招。重新出手进招就会贻误战机。梅拳将这种该进不进贻误战机的错误动作称为"另起炉灶"。所以"见手必使手"是擒拿中必须遵循的原则之一。"出手引敌手,伸手不见手,见手必使手"不仅仅用在拿法中,它在武术搏击的踢、打、摔中也有极其重要的实战意义。

  在运用"出手引敌手,伸手不见手,见手必使手"的原则时,还应该注意看清摸清对方来掌、来拳的方向、劲道、位置、虚实、进退,及对方来掌、来拳的拳面朝上还是朝下、拳眼朝上还是朝下、来掌的高低、阳掌还是阴掌、劈掌还是踏掌、腿是蹬还是踢、是点还是踏,再根据它们的方向、位置、劲道,以及我与对手的方位关系,进一步决定自己用抓还是用刁或者用其他手法来对付,当然这些都是瞬间作出的反应,是需要长时间练习才能得来的。反手向外抓拧敌人为刁手,正手向内抓敌人为抓。刁和抓手型不同、方向不同,刁住和抓住之后在擒拿中所用的擒拿招法也截然不同,但有一条是相同的,只有抓住、刁住敌方才能拿住对方。刁住或抓住对手之后才能决定下一步用什么招法还击。所以祖父常说:"只有抓得住才能拿得住。"

5. 擒拿中的身法、步法

身法和步法在擒拿中也很重要。俗话说"上步需要先上身,脚手齐到才为真","脚走手不去,必是偷来艺",动则全身俱动,用的是整力、全身之力,而不是局部之力。靠一只手或一只脚,不懂得用整力、用身力,是难以拿住敌人的。

要想在擒拿中发挥全身之力和整体之力,步法是首要的,没有步法就谈不到身法,没有身法就不可能产生整力,要讲究手、腿、步诸法的完美统一。梅拳擒拿理论中讲究"三拉三闪,三追三赶",其精髓一方面是指在擒拿过程中,将身法和步法配合好。手快不如变身快,变身不如步法快。拿法的招数技巧与身法步法配合好,才能随屈就伸、神出鬼没,才能更快、更猛、变化自如。在擒拿过程中,劲道、劲力能够随上、赶上、粘上、贴上……敌方不论是前伸、后撤,还是左拔、右转或者上抬、下压,拿的力量均能够随之变化,仍然能做到劲力不减不散,始终将对方控制住,才是擒拿的上乘境界。

6. 如何练好功夫

功夫的养成要从以下几方面努力:一要反复地、不间断地练,认真仔细地揣摩技术,悟出擒拿技术要领,体会擒拿中劲力的变化,才能在实战中不误时机地使用擒拿的手法,"拿"出一个真正的"巧"字来。二要真打实作。在熟练掌握擒拿技法之后,要经常与人练习实战。祖父经常讲:"不会挨打,就不会打人。"在练习擒拿时也一样,只想拿别人,占别人便宜,光想赢对方,不亲自尝一尝被人拿住是什么感觉,就不可能知道拿住对方是什么劲道、用什么手法更合适。真可谓:"要想知道梨子是什么味道,必须亲口尝一尝。"这样,从实战中不仅练就了快速反应能力和应变能力,还能培养出敢打、敢进、敢拿、敢拼的勇敢精神。艺高人胆大,胆大才能艺高,更重要的是通过久战思磨,真正体会并养成"擒拿知觉"。三要有恒心、毅力,做到"拳不离

手,曲不离口"。小架梅花桩拳论讲道:"学艺容易练艺难;练艺容易守艺难;守艺容易懂艺难。"守艺就是经常练习,终身不懈地去练,要的就是习武者的恒心和毅力。而懂艺就是得其精髓、知其真谛、善其应用,真正练到艺上身,达到运用自如的程度,正如祖父常说的"要练到拳无拳,意无意,无意之中是真艺"才算艺上身了。四要勤于实战运用。武是离不开搏击实战的,然而不少习武者,一辈子练拳,可就是在实战比武中发挥不出来。究其原因,一是练艺不精,所学的招法华而不实,没有实战价值;二是只注意学套路,不注意养练功夫。常言道:"练武不练功,到老一场空。"没有功夫,所学的套路再多、招法再妙,也只是一个空架子;三只注意招法,不注意实战的变化,而缺乏应变能力。招法、套路都是为了实战,所以当熟练地掌握了套路和招法之后就应当不断地在实战中去体会、验证,在实战中拳来脚去、刀劈枪扎之时,才能够形成下意识的反应,才能百拿百破、百打百破、克敌制胜、挥洒自如!

三、擒敌搏击中的六条原则

1. 出其不意,攻其不备

出其不意,攻其不备,是我们实施擒拿搏击中的重要战略战术原则。擒拿搏击中隐蔽企图、突然攻击,是以弱胜强、以逸待劳的一种好方法。在对方意想不到的时间、意想不到的地点、意想不到的招法等情况之下,突如其来、连续不断地向对方发起攻击,迫使对方只有招架之功,绝无还手之力,也就是我们常常讲的"拳打人不知",把对方打懵了、打傻了。攻击对方空虚之处、薄弱之处,进攻对方没有防守、不易防守或防守不当之处,急起直落,在雷厉风行中完成,从而达到"出其不意"的效果。

2. 借劲使劲,顺势发力

在擒拿技法的应用过程中,技法与应用均要随势而布、随势而发。

要借对方的力量顺其势、用其力，不要与对方的力僵在一起，假如对方用力前推，我们也同样用力前推，或者对方用力后拉，我们也同样用力后拉，这种做法不但要费大力气，还会影响我们擒拿搏击技法的发挥，甚至会由于动作迟缓、变化停滞而贻误战机。如果对方用力前推，我们顺其前推之力，顺力后拉，或是横拨、上挑、下压等，以最小的力气，改变对方力的方向和作用点；如果我们不但会运用借力顺力而且还能够做到顺势发力、借力发力，那么也就做到了人们常说的"用力以能聚散为上"，能到此境界，岂不做到了擒敌制胜游刃有余、胜利只在挥手之间了吗？

3. 势气高昂，沉着善断

势就是有一种不可抵挡的力量，有战胜对手的信心和决心，没有势气就谈不到沉着。势包括我们自身力量的积蓄和心理素质的养成。人们常说"艺高人胆大"、"胆大才能遇事不慌"。当我们在擒拿搏击时，首先应保持良好的心态，面对对方凶猛攻击，不慌不乱，镇定自如。沉着就是稳，善断则是果断、快速地作出反应、作出决策，在擒拿搏击中对势态的发展、实力的对比、自己所处的位置、应运用什么技法等等都能够快速、准确地作出判断，从而为取得搏击的胜利打下坚实的基础。所谓"势如破竹"，是说气势不可阻挡，力量的进展神速，如果在搏击中能够做到"势如破竹"，那么擒敌制胜还在话下吗？

4. 虚实分明，避实击虚

孙子兵法讲："夫兵形像水，水之形避高而趋低，兵之形避实而击虚，水因地而制流，兵因敌而制胜。故兵无常势，水无常形，能因敌变化而取胜者谓之神。"孙子指出，运用避实击虚的作战方针，要从分析敌情出发，要随着形势的变化而变化。在变化莫测的擒拿搏击之中，众寡、强弱、攻守、进退等众多关系均处在急剧变化之中。擒拿搏击中的虚就是空和无，实便是有，在与对方格斗时，首先要注意观察、判明虚实，诱敌以利己，避其锋芒，击其要害，迅速采取果断行

为，使对方在招架不住的无奈中被缚。

5. 观察地物，为己所用

我们在与对手搏击中，要注意观察地形地物，利用地形地物是十分重要的。孙子说："地形者，兵之助也。料敌制胜，计险阨远近，上将之道也，知此而用战者必胜，不知此而用战者必败。"在擒敌搏击之时，对不同的地形地物必须作不同的处理，能否正确观察地形地物，从而占领有利的地形，使地形为己所用，是战胜对手的重要辅助条件。善于观察、利用地形地势，如虎添翼，甚至能够将不利于己的地形地物，变为有利于己；反之，不注意观察地形地物，不善于利用地形地物，或是不能正确利用地形地物，不但受不到益反而被地形地物所滞。由此看来善于观察地形地物，并能合理、正确地利用、使用地形地物，在擒拿搏击中是何等的重要。

6. 知己知彼，扬长避短

孙子在《谋攻篇》说："知彼知己，百战不殆。不知彼而知己，一胜一负；不知彼，不知己，每战必殆。"在擒拿搏击中首先应该了解清楚对方战术、技术的规律与特点，正确实施我方的策略与技法，这样才能克敌制胜。

在与对方进行格斗时，实战情况是非常复杂的，既要防止对手对自己的擒拿与击打，又要擒拿对方，击打对方，拳脚相加，摔拿并存。此时我们应做到知己知彼，以己之长攻其之短，比如有人擅长用腿和拳，有人擅长用摔和拿，有人善于近战，有人善于远击，有人靠力大，有人靠灵巧，应采取不同的策略和不同的招势。如对方擅长远距离拳脚攻击，我们就偏偏贴紧其身，使对方难以出拳出腿；对方善于近距离的摔拿，我们就拳脚相送，使对手难于近身。总之，千方百计地使对方的长处难以发挥出来，并千方百计地暴露对方的弱点，要以我们的长处擒拿击打对方，并善于隐蔽自己，克服自己的弱点，扬己之长，避己之短，使对方陷于被动地位，做到这些就能赢得搏击擒拿的胜利。

四、擒拿犯罪分子时的心理战

人的一切活动都是在心理活动的支配下进行的，防卫心理素质的好与坏，决定防卫技能的发挥，而且直接影响紧急情况下防卫策略的确立和实施。由此看来，遇到犯罪分子，首先应具备沉着镇定、机智果断的应变能力，再根据场景环境、势态变化及犯罪分子自身的情况采取灵活多变的策略是非常重要的。

在与犯罪分子搏斗时，需要沉着镇定的同时，也应该注意犯罪分子的心理变化。犯罪分子普遍具有恐慌不安的心理。往往罪犯在作案时犹如惊弓之鸟，听到一点响声都会忐忑不安。我们在实施防卫时要牢牢抓住罪犯的心理弱点，越沉着镇定，对方则越心慌意乱，所以要利用高声呼叫谎叫、法律攻心、拖延时间等手段，对犯罪分子施加心理压力，寻找最佳的擒敌战机，同时应注意观察并迅速弄清罪犯的心理变化的临界点。什么叫临界点呢？辞书上说："由一种状态转变成另一种状态的那种条件叫临界点。"由此而论，我们可以理解为犯罪心理的临界点便是由一个不轨动机转变为另一种实施动机的分界线。因为心理结构决定达到或超过临界点，中止犯罪的可能性就越小，因此，我们要尽可能在其达到临界点之前采取必要的手段。罪犯的心理临界点一般通过观察罪犯的神态、举止行为、语言口气等方面来判断，如罪犯神态呈现犹豫不安、神态恐慌，说明其内心仍在心理冲突中。尽管罪犯语言恐吓威胁，但是底气不足，左顾右盼，又迟迟不见攻击动作，或者攻击动作迟钝、无力，这说明罪犯内心矛盾重重、惶惶不安。以上现象均说明虽然罪犯的犯罪动机已经暴露，犯罪的事实已经成立，但罪犯在心理上尚未达到临界点，尚未达到完全失去理智的程度，这时对犯罪行为来说仅处于量变阶段，还没有突破"度"的制约，罪犯的犯罪心理结构往往还没有趋于稳定，心理上尚有部分理智在，抓住、利用罪犯临界点尚未达到之前，采取不同的手段、不同的策略及时扼

制其行为动机，使其犯罪终止或将犯罪分子制服，这些都需要冷静的头脑、坚强的自信心。除此以外灵活的策略也是非常重要的。随着势态的变化、场景的变化、犯罪分子自身的变化，我们的策略也要发生变化。孙子曾说："强而避之。"对于强大、凶猛的敌人要暂时避开他，避其锐气，要寻找机会再打击敌人。这里的避，并不是避而不打，而是避免不必要的无畏牺牲，避其锐气常常表现为以退求进，诱敌深入，待机采取突然、迅猛的行动，制服犯罪分子。孙子又讲："先为不可胜，以待敌之可胜。"使自己立于不败之地，有把握后而求战，就是这个道理。因此，在与犯罪分子的斗争中，具备良好的心理素质、掌握控制犯罪分子的临界点、运用灵活机动的战略战术才是非常重要的选择。

第五章

石锁练习法

石锁练习的目的是练习腕部的力量及抓力,古时称认手练习。正确的石锁练习有助于在搏击中抓、拿和刁的技法应用,换句话说,它是抓、拿、刁的基本功。所以喜欢擒拿的读者还需练习一下石锁为好。

付费下载高清大图

祖父教我的石锁练习是练巧劲,不能用蛮劲去练,特别是不能练出块状肌肉。块状肌虽然好看,但它会阻碍力的传导,作用力不大。练内家拳要练出竖条肌为好,因竖条肌才有利于气随意发、力随气使,才能练出内家拳一气贯串的强大作用力。所以读者在练习石锁的方法上要谨慎才是,需要量力而行,否则会伤害到自己。

第一组石锁练习法

预备势:面向南方,成半蹲步,以右手握紧石锁,左手自然抬起。目视石锁。(如图)

右手拎起石锁，向上撒手扔至胸前，上身随之立起。左手在胸前接住石锁，随石锁的下落之势，弯腰下蹲。趁石锁下落未尽之时，左手顺劲上提石锁，撒手扔至胸前，上身随之立起。右手顺势接住石锁，随石锁的下落之势，弯腰下蹲。（如图）

右手扔左手接演示完毕。

左手扔右手接演示完毕。

如此反复练习，不练时右手将石锁轻放于地上。（如左图）

第二组石锁练习法

预备势：面向南方，成半蹲步，以右手握紧石锁，左手自然抬起。目视石锁。（如图）

右手拎起石锁，向上翻腕扭转石锁后撒手扔至胸前，上身随之立起。左手在胸前接住石锁，随石锁的下落之势，弯腰下蹲。趁石锁下落未尽之时，左手顺劲上提石锁，翻腕扭转石锁后撒手扔至胸前，上身随之立起。右手顺势接住石锁，随石锁的下落之势，弯腰下蹲。（如图）

右手扔左手接演示完毕。

左手扔右手接演示完毕。

如此反复练习，不练时右手将石锁轻放于地上。（如图）

第三组石锁练习法

预备势：面向南方，成半弓步，以右手握紧石锁，左手自然按于左膝上。目视石锁。（如图）

右手拎起石锁向前悠荡，石锁下落时顺势向后悠荡，再借石锁下落之势向前悠荡，悠至最高点时撒手扔出。左手顺势接住石锁，石锁下落时顺势向后悠荡，再借石锁下落之势向前悠荡，石锁下落时顺势向后悠荡，悠至最高点时撒手扔出。右手接住石锁，借石锁下落之势再向前悠荡。（如图）

右手扔左手接演示完毕。

左手扔右手接演示完毕。

如此反复练习，不练时右手将石锁轻放于地上。（如图）

第四组石锁练习法：

预备势：面向南方，成半蹲步，以右手握紧石锁，左手自然抬起。目视石锁。（如图）

右手拎起石锁，抡向身体右后方，抬起右腿，将石锁从右腿下方向体前扔出。同时左手接住石锁，顺势在把石锁抡向身体左后方，同时抬起左腿，将石锁从左腿下方向体前扔出，同时右手接住石锁。这个动作叫"张飞骗马"。此势较难，望读者小心。（如图）

右手扔左手接演示完毕。

左手扔右手接演示完毕。

如此反复练习，不练时右手将石锁轻放于地上。（如图）

至此四组石锁练习法就此演练完毕。

第六章

力量型练习的必要性

　　不管是何种武术、何种门派，其实都有其独特的练功功法，这里说的功，实际上指的是内功与外功综合练习后，真正养上身的功夫，力量型的练习就是练"外功"的一种。您看，师父在传授功法时，往往提醒自己的学生要下功夫，要把劲力练上身，不要光练那些所谓的招法。可是，经常是事与愿违的：在我们的周围您也许会看到或者听到有些习武者埋怨自己所学的招法在实际搏击中不好使、用不上。其实这里面有两方面的原因：一、如果您练的是那种花拳绣腿的花架子，当然用不上，这不用埋怨；二、如果师父传授的是真功夫，您没下功夫去练，那就是另外一回事了。

　　习武者因怕累、怕吃苦，而不去苦练师父传授的内容，这个习武者就根本不可能体会到武术中的奥妙所在，再加上不去研习拳法的理论，那他就更弄不清怎样才能练出好功夫。这种习武者即使知道了最佳的搏击技术，背诵了大量的拳谱理论，若不下功夫苦练师父传授的增强力量的内容，不用身心肌体去体验劲力、劲法，不饱尝抻筋拔骨的磨砺，到头来也只能是徒有空招，欺人骗己而已。艺没有真正的上身，什么都是徒劳的。俗话说"练武不练功，到老一场空"，便是此理。

　　写到此，我想起了司马迁《史记·周本纪》中记载的故事：有位叫养由基的射箭高手，能离柳叶百步之外而百发百中。有一次他给大家表演射技，左右的观众有上千人，都夸赞他箭射得好。其中有一位看客，对他说："你射得真好，能不能把你的射箭之法教给我呢？"养由基说："可以，射箭的方法是左手托箭要稳，如同依附在泰山上一样，右手拉弦要有力，姿势好似怀抱婴儿。"不等养由基说完，看客就急忙按照他说的方法射起来，却屡屡不中，他只好再次请教，养由基说："百发百中之功，岂能在朝夕之间练成！你没有臂力，怎能求稳呢！非三年力量型练习不可。"

上述故事说明招法靠功夫体现，靠在不断演练的过程中，悟出新道理、演绎出新技法，以此来充实功夫的内涵，完善武艺的功效和搏击的技能、技巧。古人讲"久久为功"，因此功夫也可以理解为身心的投入、实践经验的积累，是把正确的技法、招法、方法练成型，并通过练功改变人体的体能。"法"是通过长久不懈的练习而养成功的。"法"必须融会到自己身上、渗透到骨头里、悟化到心灵深处，这样才能在搏击中得心应手、运用自如，这样才能达到"拳无拳、意无意、无意之中是真艺的上乘境界"。由此看来，靠一本所谓的秘诀、几句真传，甚至说什么做了个梦，梦中某某大仙或大师教了几手绝招，就成了武术家、搏击家，其实这纯属无稽之谈。

您学会了练功的方法、懂得了拳术的基本道理，这只不过是练武的开始而已，如果您想进入在惊心动魄的格斗中达到出神入化、运用自如、稳操胜券的境界，就必须下苦功夫增长自身的力量，真正做到艺上身。由此看来，前辈讲的"法靠传、功靠练、传法难传功"的道理，是多少代武术家在一生的行武生涯中体会出来的"真经"啊！

我祖父曾给我讲过一个练玉带功的故事。从前，有一户庄稼人，因有几垧好地，日子过得很富裕。可好景不长，有一个姓黄的财主不但家大业大，而且还练过几手功夫，他觊觎这块好地，想方设法把地弄到了手。庄稼人在上告的路上被黄财主派人暗害了，母亲悲痛之下喝卤水自杀了，只留下一个小男孩。小男孩因思念自己的双亲，天天流泪哭泣，竟把双眼也给哭瞎了。男孩发誓要为父母报仇，便四处打探哪里有武术名师，好学艺报仇。终于打听到李老能的住处，便登门求教。李老能见到他双目失明，且知道他的身世后很是同情，可惜的是他双目失明,如何练拳呢?!李老能想了想,用手牵着孩子走到一块大石头旁,说:"孩子,你每天就到这里抱这块石头,当你能把这块石头抱起时,你就能报仇了。"

孩子从此天天坚持去抱巨石。时间一晃九年过去了,他已长成了青年人,终于有一天,他能用双臂抱起巨石。李老能见状,便说:"孩子,你可以去报仇了。你过来,我教你接近他的方法。"第二天,这个小伙子就来到黄财主家。上前敲门后,对门房说:"听说你家主人为乡里做了很多善事,我想见见他,你能请他出来吗?"

正在这时黄财主腆着肥大的身躯出来了,问:"你这年轻人想见我何干呢?"小伙子说:"听说您为乡里做了很多善事,我虽然是个瞎子,可也想知道您的长相,好为您祈福颂德。"黄财主说:"你是个瞎子怎样才能看到我啊?"小伙子说:"您让我摸摸,我就能知道您的长相轮廓。"黄财主点头说:"好吧,你过来吧。"小伙子一边摸着黄财主的脸一边说:"摸您的面相就知道您老是有大福报之人啊!"说着说着,小伙子突然一蹲身,拦腰抱住黄财主,双臂往怀中用力一勒,黄财主立时肋骨尽折,七窍流血,倒于地上。小伙子的大仇终于得报。

一个瞎子通过刻苦的练习都能完成心愿,那咱们一个健全的人呢!再者,咱们通过这个练玉带功的故事便能清楚地认知力量型训练是多么重要!

其实,力量型练习在过去的武林界,尤其受到重视。因为力量型练习的目的是在搏击过程中,增加自身的力量而处于优势。我就以历代武举的科考科目里有关力量型的内容为例来阐述此观点。

武举,又称"武科",在武艺考的各科目中力量大小和力量技巧的运用都占有十分重要的地位。在这里,我单以力量大小和力量技巧的运用对武艺考的实际作用来说明力量型练习的重要性。

唐朝创立的武举制,根据不同典籍的记载可大致归纳出的考试科目有:翘关、负重、长垛、骑射、马枪、穿劄、步射、言语、材貌等。

"翘关"是一种举重考试的方法，也称"拓关"，其中所用的"关"是一种"长一丈七尺、径三寸半"的顶城门用的门闩（根据出土的唐朝镂花铜尺，一尺为现代的0.3135米，一丈七尺约为5.33米，可以推想，一根长5.33米、直径约11厘米的铁门闩，其重量少说也接近二百斤），考试时要求武举"率以五次上为第，凡十举后，手持关，距出处无过一尺"，意思是说，应试者连续举十次后，还要测量脚移动的距离，要求脚移动离原地不出一尺，否则不计分。"负重"是一种测试负重力和耐力的考试，要求武举"负米五斛，行二十步，皆为中第"（古时十斗为一斛，即一石，五石米的重量至少有四百余斤）。肩挑五石米走二十步才为中第，可想而知，当时武举的头等者，要负重五百斤左右，这样的力量是惊人的。"长垛"是将用布帛制成的箭靶置于一百零五步远，画上五个圆，应试者用一石力的弓、六钱重的箭来射，三十支箭都不出第三圆方可入第，在三圆中能入中心圆的为上，入第二圆的为次上，入外圆的为次。"骑射"即马射，将两只靶子并列放置在校场周围的土墙上，应试者骑在马上，手持七斗力的弓，在跑马穿过校场的过程中，拉弓放箭，发出两箭都中靶为上，一箭中一箭不中为次上，都不中为次。"马枪"考试时，以一段木头比拟为人形，放一块方木板在头顶上，将四个这样的假人摆放在考试场周围的四面土墙上，应试者骑在马上，手持长一丈八尺、直径一寸五分、重八斤的长枪入围，运枪左右击刺，能击中三块或四块木板的为上，击中两块板的为次上，仅击中一块板或一块板都不中的为次。"穿劄"是以弓箭射铠甲，以一箭穿透甲片的数量来分高下。"步射"是射草人。"语言"是韬略理论的考试。"材貌"是身体素质的外形挑选。

从唐朝的武举考试内容可以看出，除了翘关和负重这两项直接测试力量的科目外，长垛要求应试者用一石力的弓，骑射要求应试者于马上持七斗力的弓，穿劄考究弓箭的穿透力度，马枪要求应试者运用重八斤的长枪，这些考试项目对应试者来说，不仅其自身需要具备千斤之力，而且还需要将此力量熟练地运用在弓、箭、刀、枪的使用上。所以，在古代，作为一名练武的人，无论他习练的是何门何派的武功，首先都要具备这种力量。

到了宋朝，武举科考遵循"有武事者必有文备"的考试原则，在沿袭唐朝武举制度的基础上，又增加了兵书策议等军事理论的测试，这无疑有利于选拔出智勇双全的人才。

辽、金、元时期由于少数民族入主中原，军事上他们尤其重视骑射，武才的选拔上综合了唐、宋的长处，依然侧重"文武兼备"的原则。

明清时期是武术的大发展时期，武术著作大量涌现，武术人才辈出，流派林立。明清两朝的武举考试办法大同小异。以清朝为例，武举依文榜程序，分童试、乡试、会试、殿试四个等级进行，分一、二、三场。第一场考马上箭法；第二场考步射、技勇，称为"外场"；第三场考策论武经，称为"内场"。在第一场考试中应试者骑马穿过考场三趟，共射出九箭，中靶三箭以上者可参加第二场考试。在第二场考试中，"步射"考试是应试者站在地上，射出九箭，能中三箭者为合格。而"技勇"考试主要是测臂力，一共包括三项。第一项拉硬弓，弓分头号十二力弓、二号十力弓、三号八力弓，另备有十二力以上的出号弓。应试者自选弓号，限拉三次，每次以拉满为合格。第二项是舞大刀，头号刀重一百二十斤、二号刀重一百斤、三号刀重八十斤，应试者持刀要完成左右举刀过顶、前后胸舞花等动作，刀号自选，一次完成为合格。第三项是拿石礩子。石礩子是专为考试而备的石块，长方形，两边各有可以用手指头抠住的地方，但并不深，也分为三号，头号重三百斤、二号重二百五十斤、三号重二百斤，还备有三百斤以上的出号石礩。应试者自选石号，要求将石礩提至胸腹之间，再借助腹力将石礩的底部左右各翻滚一次，叫做"献印"，一次完成为合格。凡应试者，弓、刀、石三项必须有两项为头号或二号成绩，三号成绩超

过两项者为不合格,即被取消第三场的考试资格。

从武举的考试科目中,可以明显看出古人对力量型训练的重视。不过,在力量型练习时古人还要求不要练出僵劲来,更不能把肌肉练死,因为在搏击中拥有一身活劲是最关键的。由于力量型练习枯燥无味、费时费力,所以如今的习武者早已不爱练习,往往只重视武术的招法及拳的套路,这就应了老前辈们所说"练武不练功,到老一场空"的话,这里所说的功是内功与外功共练而形成的真正养上身的功夫。如果不注重内功、外功的练习,您在与敌交手时,何谈技击呢?拳的套路练得再漂亮、拳法再精湛,如没有功力的配合,也只是花拳绣腿而已。

如今的武术,更应该注重内外功的练习,否则,您就会被人家笑称"您练的是武术操了"!因此您要想把武术的招法用于实战,这种力量型练习是不可缺少的一环。当您自身有了千斤之力,再与没练过此功的人交手时,您就会有老叟戏玩童一般的感觉,所以力量型的练习是对您的搏击技能有所帮助的。希望大家不要怕吃苦,平时应该练习一下为好,比如抱太极球就是很不错的一种练习方式,另外,您不觉得抱太极球的练习与清朝选武状元时的第三项抱石礅子的科目有些类似吗?

下面讲述玉带功的具体练法。

预备式:双腿骑马蹲裆式站好,双臂抱住石球。其要点在于球与胸部要贴实,舌顶上颚,调动真气,切忌胸中憋气。(如图1)

动作一:接上式,双臂抱住石球,双臂与身体用力抱裹住石球,如同蟒蛇袭敌时的缠绕勒杀之状,向回锁抱。注意,身体与两臂必须用力抱裹石球,向怀中收紧,方有效果。(如图2)

图 1

图 2

动作二：接上式，双臂与身体用力抱裹住石球，以腰为轴，石球不要离地，向身体的左侧扭转。（如图 3）

动作三：接上式，双臂与身体用力抱裹住石球，以腰为轴，石球不要离地，向身体的右侧扭转。（如图 4）

图 3

图 4

【注：左右反复扭转多次。】

动作四：接上式，双臂与身体用力抱裹住石球，运用全身之力（非双臂之力）试着一点点让球离开球托。注意，此式一定要循序渐进，不要急于求成，以防用劲过度伤害身体。（如图 5）

【注：抱石球离地，多次练习。】

动作五：接上式，双臂与身体用力抱裹住石球，石球离地，右臂向下，同时左臂向上，慢慢旋转石球，也就是作圆运动。此式一定要量力而行，旋转角度因自身而定，如觉得把握不住，必须马上将球放归原位。（如图6）

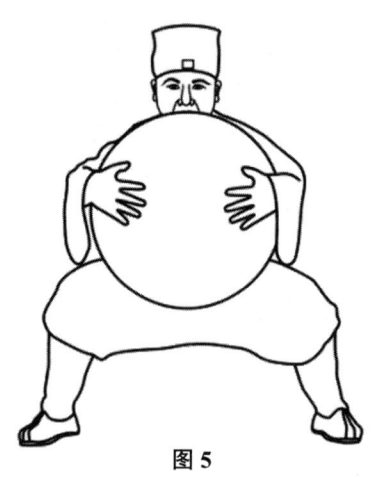

图 5

图 6

动作六：接上式，双臂与身体用力抱裹住石球，石球离地，右臂向上，同时左臂向下，慢慢反方向旋转石球。此式一定要量力而行，旋转角度因自身而定，如觉得把握不住，必须马上将球恢复到原位。（如图7）

【注：应多次旋转石球，尽力而为。】

动作七：接上式，双臂与身体用力抱裹住石球，石球离地，左臂向下，同时右臂向上，慢慢旋转石球。此式一定要量力而行，旋转角度因自身而定，如觉得把握不住，必须马上将球放归原位。（如图8）

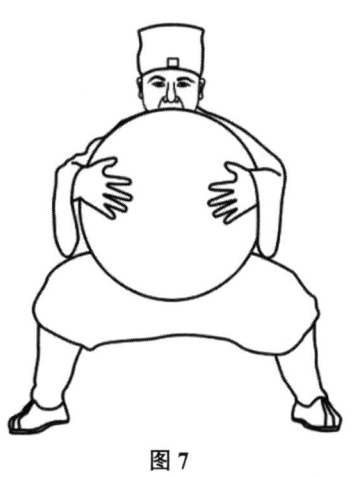

图 7

动作八：接上式，双臂与身体用力抱裹住石球，石球离地，左臂向上，同时右臂向下，慢慢反方向旋转石球。此式一定要量力而行，旋转角度因自身而定，如觉得把握不住，必须马上将球恢复到原位。（如图9）

图8

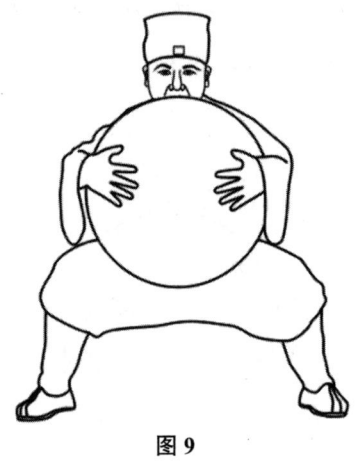

图9

【注：应多次旋转石球，要尽力而为。】

动作九：接上式，石球放于球托中，收式。（如图10）

玉带功主要练习双臂和腰部力量。如果没有30斤左右的空心球，可面对一棵大树成骑马蹲裆势，双臂抱紧树身，两手扣牢、扣实，用力上抱；或者面对石滚，同样用双臂抱紧，用力上抱。如此反复练习即可。等到有30斤左右的空心球时再练旋转石球。

玉带功练习属于力量型练习范畴。力量型练习是需要日积月累、循序渐进才能逐步的增加自身的力量，而不

图10

是十天半月就能速成的，平时练习一定要量力而行，否则，会对身体造成伤害。抱石球练习与举重运动是有区别的。举重运动只是练习如何运用全身之力将重物举起，通过不断地累积，将自己的力量逐渐发

挥到极限，而练石球则不然，它不是要求今年能抱动30斤的球、明年抱动60斤的球、后年抱动100斤的球，不需挑战身体的极限，它只需你能够把30或60斤的空心球抱起、抱动即可，其中练习的是双臂与身体合力向怀中锁抱的力量，并将此力量逐步旋转运用。若勤练此功法，必能增长搏击之力，还有助于小架梅花桩拳招法的施展。

第七章

小架梅花桩拳法总论

小架梅花桩拳的搏击可分为上、中、下三盘的打法。上盘包括刁、拿、锁、带、勾、搂、刨、打、崩、挑、劈、砸;中盘包括沾、粘、连、蹭、挨、膀、挤、靠、围身靠打;下盘包括踢点截撞、勾挂踩蹁、跌扑滚翻、前后扫蹚、左右撑拨等等,它打的是"一身之法",身体的每个部位在搏击中都起作用。

梅拳非常讲究技法。祖父曾讲:"技击技击,技巧之击,不是胡击、乱击、蛮击。"所以在击打格斗时要洞察对手的各种微小变化,能够在瞬间借对方的力量,顺劲发劲,制住敌手。如果我们不懂得招法,不懂得劲道,自己的力量和对方所发出的力量相互顶在一起,这就只有"武"而丢了"艺"。"艺"的涵义很深,"艺"可以理解为奥妙,或者理解为懂得击打格斗的艺术,其中包含许多哲理、力学及心理学的内容。小架梅花桩拳法在平时练习和技击中特别重视连环招法,往往在击打格斗时仅仅靠一拳一脚、一招两招,是难以制服对手的,只有我们掌握战机,像连珠炮似的接连进招,使对手没有喘息之机,才能克敌制胜,梅花桩拳技击中的上、中、下三盘打法,都是一招接一招,一招比一招紧,一招比一招快,百打百破,打中有变,变中有法的各种连环招法,它的每一手打法都能够举一反三、千变万化、层出不穷。

小架梅花桩拳在技击之时还非常重视"气"的运用。如果我们不懂得"气",不懂得用"气",丹田内气不充实,犹如爆竹无火药,只是一个空壳,当然也就谈不到什么内力,也不可能有较强的抗击打能力。所以小架梅花桩拳的功法是内外兼练的,它要求外要练形、内要练气，以达到形气合一的目的，直至内外一体、浑元一气的程度才算武功养成。小架梅花桩拳练形又称作练"肉身"，也就是指人体的修炼。当外形习练到肩与胯合、肘与膝合、手与足合时，再进行不间断的演练，直至练到心与意合、意与气合、气与力合，才能气随意发、力随气使，达到刚柔相济、一气贯串的程度。

初练小架梅花桩拳是离不开三尖相照理论的。一些人在搏击的时候左斜右晃、东摇西摆、脚底无根，结果格斗失利。当然，其中原因有很多，可我认为他们不懂得"三尖相照"和"三尖齐到"的道理才是失败的主要原因之一。那么什么是"三尖相照"呢"？"三尖"之间的关系又是怎么样的呢？要了解这些首先应该知道什么是"三尖"。"三尖"即指练武之人的鼻尖、手尖、和脚尖。比如，我们练习小架梅花桩拳五势中的拗势（又名十字势），这时左脚和右手在前，右手就正对（照）左脚的脚尖、鼻尖正对右手，此时，鼻尖与右手尖部、左脚尖，上中下成为一线，不歪不斜，这种三尖相对，就是我们常常讲到的"三尖相照"。

"三尖"相互的照应，身体才不会东斜西歪、左摇右摆，此时，才能身正步稳，重心也相对稳定。静止动作如此，运动中的各种动作招势也应如此，也需三尖相照，不然就会因动作的不协调而失去身体的平衡稳定性。那么在运动当中怎样才能做到"三尖"相照呢？在复杂激烈的运动中又怎样随时随地地保持各个动作的"三尖"相照呢？小架梅花桩拳法中讲到"进步需要先上身，脚手齐到才为真"。我们用拳头攻击对方，拳头打出去，可是脚没有随上，拳快腿慢，这样击出去的拳头是不会有作用的，更不可能打出整力来。用脚踢人也一样。腿踢出去，鼻尖、手尖都落到后面，只有脚尖在前，重心落在了后边，这种踢出去的腿不但没有力量，实效性也不强，踢不倒对方，往往还会因为重心不稳而被对方拉倒或自己摔倒。当我们运动时一尖不到，就谈不到三尖相照，一尖不到动作就会互相牵扯，动作必然迟缓，也不可能灵活。所以说运动中要想三尖相照就必须"三尖齐到"。

小架梅花桩拳理阐述："三尖为气之领袖，乃气所归住之处，人但知此三处宜坚实勇猛，若知落点宜全体坚硬如石，方能不惧人之冲突，不虑我之不敌也。"人的身体是一个整体，它分为上、中、下三节，手至肩为上节，头至臀为中节，胯至足为下节。每节又细分为三段。一个人两手伸直上举，手腕向上为上节之上段，手腕至肘为上节之中段，肘至肩为上节之根段，头顶至主心骨为中节之上段，主心骨至脐为中节之中段，脐至两臀为中节之下段，两臀至膝为下节之上段，膝至脚踝为下节之中段，两脚踝至两脚趾为下节之下段。这就是梅拳常常讲到的"三节九段"。人体在肌肉、骨骼和神经的作用下，协调运动，每个肢节的动作不协调都会影响到整体动作，要想使每个动作协调，就要在平时习武中注意"三尖相照"和"三尖齐到"，要使每个动作不散不懈。

小架梅花桩拳里的架子分桩步和行步。行步以三法为主，即扎法、摆法、撤法，练起来忽进忽退、忽上忽下、行东就西、行左实右。三法里还包含了"敌驻我扰、敌疲我打、敌进我退、敌退我追"的军事思想。摆法就是用靠打的方式去袭扰敌人，当敌人进攻时我方则用撤法摆脱他，当敌人撤退时我方则用扎法袭扰，当敌人的体力疲惫不支时我方再予以擒之。其中又能变化出抓拿摔打、跌扑滚翻、粘转扭蹭、吸卸柔化、踢点劫撞、劈扣摧踏、前后扫堂、左右撑拔等招式来。

练梅拳的人又把站小架梅花桩叫拉架子，它即可单练亦可群练。从练搏击的角度来讲，单练时面前要好似"无人似有人"，前进后退、上步出拳，都要有目的地施展招法，攻击自己假想的对手。而群练时要做到面前"有人似无人"，毫无畏惧地攻克对手。这样才能做到心与意合、意与气合、气与力合，即"内三合"的要求。不管是单练还是群练，都要做到"急—快—猛"，这样身体的三节九段才能练成一体，在动手时全身的力才能集中到一个地方，瞬间击倒敌人。群练是小架

梅花桩拳特有的一种练功形式，也是训练有效搏击的方法。习练者必须保持实战心理，要面向四方，耳目聪灵，既要注意对方又要兼顾他人。群练者可以根据需要及时调整自己的步法和动作，尽量与大家相互协调、彼此照应，要注意对方的路线和步伐大小，对方步子若大而快，我方也要能跟得上；对方步子若小而多变，我方也要能应变才行。当对方向我逼来，我则绕行而走，不顶不撞，不躁不乱，要做到进退神速，避实就虚，因势而变，出其不意。做到这些对群练者掌握架子复杂的路线以及它的变化是有帮助的，也能使练功者在混乱复杂的场合中进退自如，不致迷失方向。

由于在群练时，双方都不知彼此所用的招法，这就必须时刻注意观察对方的动静，要求"彼不动，己不动"。当对方稍有变动时，则应敌而变，迅速、灵活地调整步法，要把握先机以克制对方，这就叫"彼微动，己先动"的制人原则。在群练中还要随时调整与对方所处的位置和距离，以便积极地进攻和有效地防守。随着练功者功力的增长再加上老师教的变化不断的增多，这些变化以及八方步等各种行步的运用，早已代替了原始架子中单调的练习方法，从而使架子套路中的内容不断丰富和完善起来，重复动作日渐减少，这时习练者对梅拳的认识才能得到全面的增长，实战技术也就有了质的飞跃。

"八方步"，又称交手认路战巧法，俗称导虚之法。"八方步"分"大八方"、"中八方"和"小八方"三种。"小八方"脚步动时落三点，"中八方"脚步动时落五点，而"大八方"为乱点，也叫群步。这些步法是根据搏击时的需要而随时转换的，使用者步随身换，脚随手出，皆随心意而动，随势而用。这种步法能使敌人如同坠入云里雾里一般，使其不能辨别方向。小架梅花桩的三法与四门及八方步法，可以形成实战中的"四门兜底阵"，故此才能在战场中取胜！

小架梅花桩拳行步的三法与四门再把桩步五势巧妙地联系起来，它们动静相间，交替出现，可称是绝妙的组合。桩步的基本姿势有五个，即大势、顺势、拗势、小势、败势，合称为桩步五势。这五势为静止的拳势，是练全身之力和全身之气的主要方法，并具有很强的实战搏击的作用。有歌诀细述：

一、大势桩

气敛丹田站当中，留神细看来人形；
南来顺他向北往，东来顺他上西行；
见劲使劲借他劲，不可争力逆进行。

二、顺势桩

单鞭伸开一条线，四路来人能改变；
一变昆捶挂裹手，二变豁山捶当先；
三变手眼身法步，四变扫腿带地盘。

三、拗势桩

拗势伸开似龙行，合肩扣步走西东；
横走竖撞迎风掌，斜身拗步令人惊；
左翻右转横摆腿，栽捶快捶不留情。

四、小势桩

小势站稳赛如钉，踢点截撞似猴形；
刁拿锁带靠山肘，勾挂踩扁步法精；
摧腿扣腿迎风腿，上下变转快如风。

五、败势桩

败势伸开回头看，左劈右扣随他变；
前后左右撑拔腿，前豁后挑上下翻；
脚打七分手打三，千变万化快为先。

读者从桩步五势歌诀中不难看出它的实战性。不过祖父讲在地上练习小架梅花桩拳必须达到正、顺、圆、满、够的要求才能得功。

（正，即要姿势正确而且峥嵘；顺，即劲力通顺；圆，即变化圆滑顺畅；满，即精神饱满；够，即四肢抻开力达四梢并气势泓浓。）所以在练架子时应注意这些问题。

单练架子要以抻筋、拔、骨、开胯、活血、养气为主，以此为基础才能讲意力的协调、气力的上身。而且还应注意臂、腿的配合要协调自然，做到内三合与外三合的协调、统一。内三合是在讲"心与意合，意与气合，气与力合"。而外三合是在讲，"肩与胯合，肘与膝合，手与足合"。是为六合。平时习练小架梅花桩拳要先求外三合的合整，再由外三合的合整来带动内三合的统一，这样习练久了自然就内外一统了。而且习练架子在迈步时还要做到步幅适中，两脚落地要有节奏感，注意紧张与放松的节奏及用力与借力之间相互转换的技巧，这样在练小架梅花桩拳时可以节省体力。祖父曾讲："不知进退空学艺，不知起落狂伶俐。"因此在做各种动作的同时要上下相随、左右协调。祖父还讲："紧了崩，慢了松，不紧不慢才成功。"所以习练者应特别注意不要操之过急，不要练伤自己。

练小架梅花桩拳可分为三个阶段，第一个阶段是身化阶段，视为小成；第二个阶段是气化阶段，视为中成；第三个阶段是神化阶段，视为大成，笔者细述如下。

一、身化阶段

不管是五势还是行步变化以及成拳技法，在练功中对动作是有一定要求的。要求在动静变化中做到肩与胯合、肘与膝合、手与脚合。头、手、脚要三尖对照、三尖齐到。手、眼、步法能上下相随、左右协调。三节九段互不牵扯、周身一体。攻防进退，起身落点，能做到以身带步、步随身换、脚随手出、手脚齐到、整齐合一。做到如此便能达到身化阶段。

二、气化阶段

在盘架子时，不管是单练还是群练，以及成拳对练，都要做到以静观动，要以"彼不动，己不动；彼微动，己先动"的制人原则，灵活地运用招法，要因势进退。在练拳时做到以意敛气，只要心意一动，全体俱动，便能气随意发，气随意使，意到气到，气到劲到，一气贯串，这样练拳才能带出封杀之气来。做到如此便能达到气化之功。祖父曾讲："身体好似军营，眼似先行，耳似侦探，脚似战马，手似刀枪，哼声如号令，浑身的毛孔如五营四哨，要走如风，站如钉，拳似流星，眼似电。练小架梅花桩拳达到上乘者可达到随风入进、随风入化的境地。"

三、神化阶段

小架梅花桩拳是内家拳，不但"外练筋骨皮"，还要"内练一口气"。练架子再加八段锦与十三太保功，能使内气极其充盈、收发自如，从而练成内外一体、形气合一、混元一气的境地。正如梅拳《混元论》中所述："混元一气吾道成，道成莫外吾真形，真形内藏真精神，真精内藏气擎停；欲将形形求真形，须将真形合形形，真形合来有真诀，合到真形彻底灵。"如练出真形来，并用真形来驾驭身体则可达到最上乘之境地，为神化之功，可得金刚不坏之体，此为小架梅花桩拳最高的境界。

祖父对我讲："梅拳要内外兼练，要以外练内养的方法才能有成，才能达到形气合一、形神合一的地步。"人是由肉体与精神两大主体组成的，良好的身体素质，是享受健康生活的基础，而能让精神健康并能练出神色具可伤人的地步才是习武者所追求的。**前辈练武是通过练习武术里的动功与静功来修炼自己精神与肉体的统一，也就是内形的"真我"**（元神、识神、魂、魄、意、志等）。在修炼完整后，所形成的真形再与外形的"假我"肉身相统一，最终合于道。内家拳称之为形

形相合，练内家拳不懂这些何称内家！

小架梅花桩拳的前辈就是用练形以养神、用神以领形的方法来达到神形合一的。所以小架梅花桩拳是修炼身心的好功法，它是一种把精神意识在身体上用物质体现的拳法，在拳法姿势的动静互换中用意引身行，身随意转，以神来驱动肉身的变换，达到虚灵独存，真气在周身内外激荡回旋的神化阶段。这种练法还能让身体在出汗的同时，达到扫除思想上的忧患，使思想能默对长空，悠扬自得，使其习练者能真正达到"其乐无穷"的状态！

我认为精神等同于能量。能量是无形的，那么如何证明精神等同于能量呢？我们经常会看到一些脑神经有病变的人，即西医讲的神经病患者，发起病来力大无比，四五个强壮男子都按不住，请问这个精神病人的超人力量来自哪里？我认为这是因病打破了神经系统的束缚（其中包括识神的束缚）所产生的力量而造成的上述现象。

我祖父曾给我讲过一个故事。有一个老太太在火灶旁纺线，火灶里蹦出一颗火星，引燃了老太太身旁的棉花，老太太发现后，情急之下迅速搬起身旁的磨盘将火压灭，事后老太太再想移开磨盘则难以如愿。那老太太搬动磨盘之力是何力啊？我认为是她情急之下，脑子里没有进行任何的分析比较，也就是在没有任何想法的情况下，身体所发出的神力，而后来她无法再挪动磨盘，是因为火灭了，不着急了，她的大脑就会用意识来测量，会考虑磨盘是不是很重？她能搬动吗？这会对她搬动物体产生障碍，导致老太太不能再发挥出先天的力量。如果我们运用精神修炼法进行修炼，冲破后天识神的束缚，那就是在精神正常，能用心意控制的状态下，拥有超自然能量——用在外则是人们所说的内功，用在内则是成仙得道的基础。

平时练武，练的就是精神的外放与内收。长此以往，使我们的精神产生巨大的能量，从而使我们的身体使之不尽，用之不完，最终天人合一，与天地同在，使我们的人生能够完美地画上一个句号。

第八章

图说小架梅花桩拳对练法[*]

小架梅花桩拳对练法如下。下图以玉昆子道长姿势为准

第一式:预备势

身体直立,脚跟靠拢,两脚尖相开30度。两臂自然下垂,两掌平贴裤侧。舌轻抵上颚,平心静气,目平视前方。(如图示)

付费下载高清大图

第二式:指天画地

右臂向前方画圆上举,掌心向内;右臂上举,同时左脚向前迈进一步,右脚随即跟上并拢,左臂下垂指地,成"右手戳天,左手指地",转头目视对方。有天上地下唯我独尊之态势。(如图示)

---

[*] 本文演练路线及动作要领请参照《小架梅花桩拳——养生之道》一书中第十六章"小架梅花桩拳练习法",本章重点阐述小架梅花桩拳对练的行步变化及桩步变化等。

第三式：摘星布斗

左、右拳同时经体前变掌画圆。左掌沿身前向上方画圆伸出，右掌向后下方画圆按压；同时左脚向前迈步，身体重心前移立于左脚，右腿伸直，右脚尖虚点，目视左掌伸出方向。左掌前伸如同摘星，右掌下按如同按住老虎头，不让老虎抬头一般。

重心后移至右脚，右腿屈蹲，身体下蹲成单重力，左脚尖虚点前伸；同时左、右掌经身前交叉后外展呈布斗之势，右掌与头同高，左掌与胯同高，胸微含，转头，目视对方。（如图示）

第四式：右顺势

右脚向前迈半步，重心前移至右脚掌，左步并上；右掌逆时针经体前画圆，至开臂略平于肩；展右臂，同时顺势开右步，重心随移，左步跟上。继而左步向前方迈出，成左弓步，左脚尖向对方，小腿与地面垂直，平膝胯；右腿绷直，右脚与左脚成丁字步；同时左掌顺时针经体前贴身画圆，至平肩前伸。

至此握掌成拳，两拳平行伸直，左拳与肩齐，右拳与耳齐。拳心向下，目视对方。（如图示）

第六式：对心捶

甲行指点捶，乙打对心捶，至双方回中线对峙。

指点锤：甲从右顺势姿态起，前拳反掌捋带收回，顺势转体右拳从腰间直打出；同时右脚前迈半步，脚尖虚点。身体重心至左腿，腿呈半下蹲状，目视对方。

对心捶：乙以左脚为轴向左转体180度，右脚脚尖点地，身体下蹲，两脚间距一脚宽；同时右拳随转体屈肘与地面平行摆打，与左拳同时收于胸前，左右两拳拳面相对。然后双拳翻腕两侧击出，目视对方。（如图示）

第七式：摘星布斗

双方再行一次摘星布斗，动作细节参看前文说明。（如图示）

第八式：拗势三捶

甲原地震脚拗势三捶，乙方进步拗势三捶。

拗势三捶：

一、右掌变拳由下经体前贴身画圆，自左腋下经嘴前向正前方钻打，拳心向上；左掌变拳勒于腰间，拳心向上；同时左腿带回后迅速向前方迈出成拗势步：左膝内扣，右腿伸直，右脚脚跟外旋，左、右脚横向间距与一脚等长。

二、右腿疾步向前继续迈出成拗势步；左拳由下自体前贴身画圆，自右腋下经嘴前向正前方钻打，拳心向上。

三、左腿再迅速向前进步，成拗势步。同时右拳由下向上摆打，至与嘴齐；左拳平收回至左肩侧，拳心向下，肘与肩齐。全程目视对方。（如图示）

第九式：右小势

甲乙身体向右侧转90度，两拳变掌自然落于体侧，左掌经身前由下向上环绕自然向前伸出成拳，沉肩坠肘，同时左脚迅速收回成虚丁字步，脚面朝前；身体重心完全后移转至右脚，右腿微屈，下蹲成单重力。右掌画圆后向上变拳置于右耳后上方；胸微含，两拳眼意念相对。目视对方。（如图示）

第十式：右顺势

身体微侧变拳为掌；左掌舒臂回挥右够，过头顶自胸前顺时针画圆，回左侧变握拳平伸出，至与肩齐；左脚向左侧横跨一步成左弓步：脚尖向前，左小腿与地面成 90 度，平膝胯，右腿伸直，右脚与左脚成丁字步。同时右掌向下画圆直接放下，握拳与耳齐；两拳平行伸直，拳心向下。全程中甲乙互相目视对方。（如图示）

第十一式：右拗势

甲进步右拗势，乙退步右拗势。

右拗势：身体向左旋转90度；左拳平行收于胸前，拳心向下；右拳伸直后落，经体侧向前方摆打，拳心向下；同时右腿迅速向前迈出成拗势步；随迈步的同时，右拳继续向上画圆，向后摆与耳齐，左拳继续自胸口向外画圆伸出，拳与肩齐。两臂伸直，右膝内扣，左腿伸直，左脚脚跟外旋，两脚横向间距与一脚等长，扣跨，目视对方。（如图示）

第十二式：左小势

甲方撤步左小势，乙方进步左小势。

撤步左小势：身体向左侧旋转 90 度，两拳变掌自然落于体侧，左腿后撤半步，重心迅速后移至左腿；右掌顺势经身侧上举，右臂回够过头脸，逆时针向下画圆至自然前举成握拳状，沉肩坠肘；右脚迅速收回成虚丁字步，脚面朝前；重心完全移至左脚，左腿屈蹲，身体下蹲成单重力；同时左掌举臂向上画圆后变拳，置于左耳后上方。胸微含，两拳眼意念相对，目视对方。（如图示）

第十三式：左顺势

右拳向胸前收回变掌后，向下画圆握拳向右侧伸出与肩齐，左拳直接放下与耳齐；同时右脚向右侧横跨一步成右弓步，右脚脚尖指向前，右小腿与地面成 90 度，平膝胯，左腿伸直，左脚与右脚成丁字步。两拳平行伸直，拳心向下，目视对方。（如图示）

第十四式：左拗势

甲方退步左拗势，乙方进步左拗势。

进步左拗势：乙方身体向右旋转90度；右拳平行收于胸前，拳心向下；后手左拳伸直，自下而上经体侧向前方摆打，拳心向下；左腿迅速向前迈出成拗势步。迈步的同时，左拳继续向上画圆后摆至与耳齐，右拳继续自胸前向下外画半圆至向前伸出，拳与肩齐。两臂伸直，左膝内扣，右腿伸直，右脚脚跟外旋，两脚横向间距与一脚等长，扣胯，目视对方。（如图示）

第十五式：原地大势

　　身体向右侧旋转 90 度，两拳变掌自然落于体侧，重心后移。左掌顺势经身侧上举，左臂回够过头脸，逆时针向下画圆至自然前举成握拳状，沉肩坠肘；右掌变拳举臂向上画圆，置于右耳后上方。右腿屈膝，平膝胯，右小腿与地面成 90 度，右腿膝关节略外翻，承担身体重量七成；左腿略屈，左脚脚尖指向前方，左膝略外翻，承担身体重量三成。胸微含，拳眼意念相对。甲乙互相目视对方。（如图示）

第十六式：掏腿势

甲方退步掏腿势，乙方进步掏腿势。扭身转头，目视对方。

退步掏腿势：身体向右侧转45度，双拳变掌，由上向下经身前画整圆向对方劈砸，拳眼向上；同时，左腿上迈，形成右腿掏腿势。

进步掏腿势：身体向左侧转45度，双拳变掌，由上向下经身前画整圆向对方劈砸，拳眼向上；同时，右腿后掏，形成右腿掏腿势。（如图示）

第十七式：顺势捶・转身拗势

甲方顺势两捶，转身成大布斗势。乙方顺势两捶，转身成拗势。

顺势捶・转身拗势：①左拳勒于腰际，身体右侧转90度，右拳指点捶击出；同时右腿向出拳方向迈出一步。②右拳勒回腰际，左拳指点捶击出；同时左腿朝出拳方向颠跳步迈出。③左腿落地以脚掌为轴，带身体180度回转，出右拳，拳心向下，拳与嘴齐；同时右腿顺势后撤一步，成左拗势。左手自然平伸于身体侧后方，拳心向下，拳与耳齐，目视对方。（如图示）

第十八式：上步占中线拿大势

身体右侧转 45 度，两拳变掌自然落于体侧。右腿向斜前方迈一步，左臂向内贴身画整圆，至自然前举成握拳状，沉肩坠肘；同时左腿随左臂贴身画圆至身体右侧时顺势提起，下落向中线迈一步成大势，分前三后七劲。右掌画圆上举，自然成拳置于右耳上方，两拳眼意念相对。甲乙双方互相目视。（如图示）

第十九式：摘星布斗

双方再行一次摘星布斗，动作细节参看前文说明。（如图示）

第二十式：大拷虎

甲乙双方同作大拷虎。

大拷虎：双臂自体前回旋画圆（打花），至胸前交叉；同时右腿后撤半步，重心移至右腿；左腿随退，身体下蹲，左脚尖虚点。蹲下时两手刨地后展开，身体顺手臂刨展力上提立起；右手变掌上举撑于头顶前，左手在身后成钩子手；同时左脚顺势抬起，随后左脚直落于地，脚尖点地；其余不变。甲乙目视对方（如图示）

第二十一式：迎面脚

左脚绷脚面上踢，与右掌会于面前。（如图示）

第二十二式：拗势两捶接栽捶

甲乙双方左脚落地，顺势拗步两捶。然后迅速跳起，右拳抡

起向下栽打，左手握拳顺势搁于右腋下。身体随即顺下栽打势下蹲成马步。（如图示）

第二十三式：乌龙搅柱接双催掌

甲乙双方乌龙搅柱，同时左脚颠换步跳起，落地接双催掌；各自直视前方。（如图示）

第二十四式：转身成大势

甲乙双方跳起，回身指点捶成立小势，落步成大势。双方对视。（如图示）

第二十五式：大势变顺势

甲方回身双劈砸变顺势。乙方叫腿劈腿变顺势。双方对视。（如图示）

第二十六式：顺势变左拗势

甲方击步撞左脚落地变左拗势。

乙方击步后撤，撞右脚回身捶，转身变左拗势。双方对视。（如图示）

第二十七式：左拗势变右小势

甲方撞右脚回撤成小势。

乙方回撤成小势。双方对视。（如图示）

第二十八式：右小势变右败势

甲方撤步打败势。

乙方击步打败势。双方对视。（如图示）

第二十九式：右败势变左大势

甲乙双方同时变豁扇捶，成大势。双方对视。（如图示）

第八章 图说小架梅花桩拳对练法

第三十式：左大势变右顺势

甲方上步撞左脚成右顺势。

乙方撤步穿掌变右顺势。双方对视。（如图示）

第三十一式：右顺势变右拗势

甲方撤步变右拗势。

乙方进步劈腿变右拗势。双方对视。（如图示）

第三十二式：右拗势变左小势

甲方进步撞左脚，上步变左小势。

乙方连续撤步变左小势。双方对视。（如图示）

第三十三式：左小势变左败势

甲方进步劈砸，然后迅速后撤劈砸，成左败势。

乙方左右迎风腿，然后再左右劈砸成左败势。双方对视。（如图示）

第三十四式：左败势变右大势

甲方佯装抄大势，其实左腿反进成右大势。

乙方回身抄大势。双方对视。（如图示）

下面介绍三法的变化。

三法（摆、撤、扎）的具体动作在本书中已多次提到，故不再重复阐述。此处体现的是三法的变化，读者看图示足以明了。

第三十五式：摆法的变化

第三十六式：撤法的变化

双方迅速以撤法后撤，而后甲乙双方双摆莲腿，接扑腿势。

第三十七式：扎法的变化

甲乙双方同时翻拳上打，以扑腿势接近对方。而后乙方以进步捶攻击甲方，甲方用扫堂腿还击。

第三十八式：撤步刨虎势

接前势。甲乙双方起身向右转体，带动右腿提膝，同时双掌一起由上向下经体前交叉画圆。随即右腿跨出，成弓步，平膝胯，左腿伸直成丁字步。在跨步的同时双掌要刨触地面，而后再向两侧展开成拳，右拳手臂屈肘弯向头前，随身体转动吊肘做击打动作；左拳手臂伸直，与左腿平行，拳心向下，侧身成虎势。目视对方。（如图）

第三十九式：掏腿势

甲方撤步打掏腿，乙方进步打掏腿。

第四十式：顺势两捶转身成拗势的变化

甲方顺势两捶转身成大布斗。

乙方顺势两捶转身成拗势捶。目视对方。

第四十一式：上步占中线拿大势

甲乙双方右腿向右前方迈出，右拳变掌向下画圆至身体右侧，左拳变掌向上经头侧画圆至身前，左腿同时提膝，向身体左侧横跨一步，成大势。目视对方。

第四十二式：大势变左顺势的变化

甲方上步变顺势；乙方撤步穿掌变顺势。双方对视。

第四十三式：左顺势变左拗势的变化

甲方抽撤步变左拗势；乙方撤步变左拗势。双方对视。

第四十四式：左拗势变右小势的变化

甲方撤步变小势；乙方进步变小势。双方对视。

第四十五式：右小势变右败势的变化

甲乙双方原地打败势。双方对视。

第四十六式：右败势变左大势的变化
甲乙双方转身抄大势。目视对方。

第四十七式：左大势变右顺势的变化

乙方进步撞脚变顺势；甲方撤步穿掌变顺势。双方对视。

第四十八式：右顺势变右拗势的变化

甲方进步变拗势；乙方退步变拗势。目视对方。

第四十九式：右拗势变左小势的变化

甲乙双方原地变小势。目视对方。

第五十式：左小势变左败势的变化

甲乙双方原地变败势。目视对方。

第五十一式：左败势变右大势的变化

甲乙双方转身抄大势，回身目视对方。

第五十二式：右大势变摘星布斗

甲乙双方再行一次摘星布斗。双方对视。

第五十三式：刨手撞脚

双方右刨手撞脚。（如图）

第五十四式：双迎架打扪心掌

双方颠换步，同时右迎左架，右掌打扪心掌。（如图）

第五十五式：左右闪化

双方撤步，同时双臂向上搅加。（如图）

第五十六式：顺势两捶转身大布斗的变化

甲方顺势两捶转身大布斗；乙方叫腿劈腿，落步成拗势。双方对视。

第五十七式：原地大势

双方原地拿右大势。（如图）

五十八式：右大势变左顺势

甲长手抽身进步左顺势；乙回身穿掌左顺势。（如图）

第五十九式：左顺势变左拗势

甲撞脚进步左拗势；乙撤步左拗势。（如图）

第六十式：左拗势变右小势

甲撞脚进步右小势；乙原地右小势。

第六十一式：右小势变右败势

甲左劈右扣变右败势；乙原地左右迎风脚，而后左劈右扣变右败势。

第六十二式：右败势变左大势

甲回身抄大势变左大势；乙叫腿劈腿，落地变左大势。（如图）

第六十三式：左大势变右顺势

甲回身双劈砸变右顺势；乙进步撞脚变右顺势。（如图）

第六十四式：右顺势变右拗势

甲进步撞脚变右拗势；乙撤步变右拗势。（如图）

第六十五式：右拗势变左小势

甲穿堂脚进步变左小势；乙左脚撤步变左小势。（如图）

第六十六式：左小势变左败势

双方左劈右扣变左败势。（如图）

第六十七式：左败势变右大势

双方原地转身抽撤步抄大势变右大势。（如图）

以下招式被称为"大换头"。

第六十八式：扎法

第六十九式：原地右大势

双方原地撤步变右大势相对。（如图）

第七十式：摆法

第七十一式：撤法

第七十二式：扎法

第七十三式：撤步刨虎势

接前势。甲乙双方起身向右转体，带动右腿提膝，同时双掌一起由上向下经体前交叉画圆。随即右腿跨出，成弓步，平膝胯，左腿伸直成丁字步。在跨步的同时双掌要刨触地面，而后再向两侧展开成拳，右拳手臂屈肘弯向头前，随身体转动吊肘做击打动作；左拳手臂伸直，与左腿平行，拳心向下，侧身成虎势。目视对方。（如图）

第七十四式：掏腿势

双方进步打掏腿。（如图）

第七十五式：顺势两捶

甲方顺势两捶转身成大布斗。

乙方顺势两捶转身成拗势捶。目视对方。

第七十六式：上步占中线拿大势

甲乙双方右腿向右前方迈出，右拳变掌向下画圆至身体右侧，左拳变掌向上经头侧画圆至身前，左腿同时提膝，向身体左侧横跨一步，成大势。目视对方。

第七十七式：长手抽身右顺势

双方长手抽身变右顺势。（如图）

第七十八式：右顺势变左拗势

甲进步变左拗势；乙撤步变左拗势。（如图）

第七十九式：左拗势变右小势

双方原地变右小势。（如图）

第八十式：右小势变右败势

双方左劈右扣变右败势。（如图）

第八十一式：右败势变左大势

甲回身抄大势变左大势；乙抽撤步转身变左大势。（如图）

第八十二式：左大势变左顺势

双方长手抽身变左顺势。（如图）

第八十三式：左顺势变右拗势

甲撞脚进步变右拗势；乙撤步变右拗势。（如图）

第八十四式：右拗势变左小势

甲二起脚变左小势；乙原地变左小势。（如图）

第八十五式：左小势变左败势

乙击步前进劈砸甲变左败势，甲迅速击步闪开乙的攻势后左劈右扣变左败势。（如图）

第八十六式：左败势变右大势

甲回身抄大势变右大势；乙颠换步回身变右大势。（如图）

第八十七式：摘星布斗

双方摘星布斗。（如图）

第八十八式：撤步收式

双方右转身，左腿后撤，右脚并步，双手举起，而后经双耳旁握拳顺胸前下落至丹田处，收式。（如图）

以上为半趟小架梅花桩拳对练法的演示。

第九章

图说三法的实用方法

一、图说摆法、撤法的用途

当敌人甲自我右侧来袭时，我由大势变化，以摆法裹压敌手，同时换步绕到敌人身后，而后将敌人靠打出去。下图以玉昆子道长姿势为准

付费下载高清大图

当另一敌人乙从另一侧袭来时,我用撤法转身躲过对方来拳,同时以回身掌将敌击出。

这时敌人甲再次挥掌袭我，我则回身进步左手挑架开敌手，同时以迎面掌拍击敌人面部，将敌击出。

敌人乙再次从身后袭来，我则进步抢身，以抄大势身法躲过来拳，同时抄抱敌腿，使用摔法技巧，将敌人摔倒在地。

二、图说扎法的变化

双方以大势相对。当演练扎法时，甲方不按常规练习，突然上步用拳击打乙方头部，乙见状迅速伏地转身躲过来拳，同时以右后扫堂腿扫踢甲。

甲迅速跳起躲过乙的扫堂腿，并用颠换步迅速以右脚弹踢乙胸口，乙则刨架开甲右脚。

甲右脚前落，双掌迅速掼打对方太阳穴，乙双手向外招架住甲的双掌。

甲乙同时双手搅刨，变为刨虎势。

双方打掏腿，乙见机便垫步以左脚踢甲，甲以左手刨开乙的左脚。

甲乙双方转身以顺势三捶变化为大布斗式相对。

甲乙双方同时向中线上步拿大势。

第九章 图说三法的实用方法

第十章

搏击中步法及心态总论

练武讲究手、眼、身、法、步、精、神、气、力、功，而搏击又是对"手眼身法步，精神气力功"的验证，所以小架梅花桩拳在搏击之中的技法、技巧的应用是非常重要的一环。"精神气力功"指的是精神要充沛、气要沉实、力量顺达、功夫纯真。民间习武者对于技击的论述颇多，特别是技击的时候究竟以何为先更是论说不一。有人认为"一力降十会，力大胜三分"；"千招百招，无力不成"，充分强调了以力为主，技击中强调以力为先。但是也有人认为"一打胆、二打眼、三打身法、四打闪"，这个说法强调胆量是技击之中胜敌的首先需要，把胆量放在了一切因素的前面。还有人提出"拳是两扇门，无腿打不了人"；"腿打七分，手打三"，认为腿法在搏击之中起决定性的作用，好象只要把腿法练好了，击打格斗中就必胜无疑。甚至有人强调气功的威力或者其他方面。当然，在搏击时能否取得胜利，以上所讲的力量、速度、腿法、身法、招法、胆量、气功是起着重要作用的，是搏击中取得胜利的重要条件，那么在格斗中究竟以何为先呢？搏击时踮、蹦、跳、跃、左旋右转，不论是接近敌人进行攻击，还是躲闪对方的攻击，双方时刻处于运动之中，都在不断巧妙地运用各种步法，使自己随时随地处于有利的地形和位置，所以在搏击中，步法不但十分重要，而且应该放在一切胜利因素的首位。没有步法的巧妙变化，光是有力量、招法、胆量……就很可能形成要追追不上、要撤又躲不掉的局面。

所以在搏击之时，如步法不精，往往会步眼乱，脚下无根，身体失去平衡，或由于动作迟缓，贻误战机，使对手有机可乘，被对手打倒。这就需要我们认真练好步法。我们常常听到一些著名拳师们谈起"上步不到，等于瞎闹"；"步不灵，闪不行，步法乱，手则慢"，小架梅花桩拳拳论中也明确地指出，"拳快不如变身快，身快不如步法快"，古人甚至把技击中的步法变化比喻成布阵，用灵活多变的步法，忽东、忽西、忽南、忽北、忽左、忽右，可进可退，可攻可守，动若鸠鹰攫兔，静如处女守身，使敌手思维招法混乱，难以进招用势。

往往有些人在击打格斗中不会应用步法，不懂步法的巧妙变化，或者步法简单，只知道直进直退，因此在格斗中总是处于被动的局面，所以祖父有句口头禅，"不知进退枉学艺，不知起落空伶俐"。在日常技击练习的时候应该特别注意进退起落的各种方法、时机等等，并做到"彼不动己不动，彼欲动，我先动"的作战原则，意思是敌手不动的时候我应该密切注视对方，不轻举妄动，可是当敌手稍有动作的时候我已经觉察其意图，我的动作比对手的动作还要快，这些不仅仅靠人反应的快慢，更要靠我们灵活多变的步法。如果能非常巧妙地将疾步、剪步、抽撤步、颠换步、偷步、跃步、垫步、进步、退步、滑步、闪步……综合在一起随敌的攻势而用，甚至自己总结出一套格斗中有规律的进攻和防御组合步法、最佳的进攻和退却路线，攻则疾，退则快，这样在搏击时的效果当然会更好。

武术在实战中讲求速度与灵性，要攻其不备、出其不意，祖父曾说"在擂台上进攻手段越少，速度越慢，就越容易被对手摸透"。 武术里的搏击就是力量、素质、技巧、反应力的展现。这些特点在搏击过程中将各依其本性发生变化，一切东西就都从这里发生出来。对强敌搏击时不要求速战速决的制敌之法，而是要做好打持久战的心理准备，要在运动中巧妙地歼灭敌人，就要在运动中找敌人的漏洞，观其弱点予以擒之。所以小架梅花桩拳的步法特色是声东击西、指南打北、大进大退、大闪大化，使敌在不知道我方的目的时才能真正调动他。

对强敌时出招不要一上来就下狠手，要不断使用步法、身法逗其出招，在敌完全丧失强势时，再用己之妙法擒之。若在敌强势时，寻求速战速决则会事与愿违，硬碰硬的结果会导致两败俱伤。所以消耗对方的气力、找寻对方的漏洞，在运动中使其丧失强势，才是小架梅花桩拳对付强敌的手段。这种持久战将具体表现在三个阶段之中。第一个阶段，是敌之战略进攻、我之战略防御的时期；第二个阶段，是敌之战略保守、我之准备反攻的时期；第三个阶段，是我之战略反攻、敌之战略退却的时期。三个阶段的具体情况要巧妙地把握好，凭借自己的智慧赢他。

小架梅花桩拳的行步是以三法为主的，即扎法、摆法、撤法，这三法是练习灵活多变的方法，练起来忽进忽退、忽上忽下、行东就西、行左实右。三法里还包含了"敌驻我扰、敌疲我打、敌进我退、敌退我追"的军事思想。摆法就是用靠打的方式去袭扰敌人，当敌人进攻时我方用撤法摆脱他，当敌人撤退时我方用扎法袭扰他，当敌人的体力疲惫不支时我方再予以擒之。其中又能变化出抓拿摔打、跌扑滚翻、粘转扭蹭、吸卸柔化、踢点劫撞、劈扣摧踏、前后扫堂、左右撑拔等招式来。

小架梅花桩拳中应用步法非常多，还有一种最有特色，又非常实用的步法叫八方步。八方步在梅花桩拳中被称为散手之母，可见这种步法在技击中多么重要。练拳讲究手、眼、身、法、步、肩、肘、腕、胯、膝、缩、小、绵、软、巧、进、退皆合一。八方步更需要眼到步到，步到手到，手到身到。梅花桩拳的八方步妙就妙在阴出阳入、阳出阴入、总揽四面、支撑八方、步眼清楚、重心稳固、脚下有根、走其捷径、快而有序。遇敌交手之时，走起八方步来，围住敌手，左旋右转，忽前忽后，忽左忽右，忽上忽下，步随身换，脚随手出，步里藏拳，使敌手眼花缭乱、晕头转向，如入雾里云中，此时再进招用式当然必胜无疑。

我们在练习八方步的时候可以单个练习，也可以两人或多人对练，还可以假设敌情结合技法来练习，最好是经常以实战练习。练习的时候要注意控制距离，把握进攻的时机和角度，全身疾行而不停，犹如一叶动而百枝摇，还如山岳连绵，海浪涛天，接连不断，逐步体会和建立养成实际击打格斗中速度、距离、时间和力量的变化感觉，以及应变的能力，养成运动知觉。

练习八方步之时，还要懂得"虚"和"实"。俗语常讲："不知起落诓伶俐，不知进退虚实诓学艺。"懂得虚和实还要练出单重力，切记避免扫帚腿。能知窄、知宽、知虚、知实、知老、知嫩。单重力指的是在步点移动之时，有时需要由一只脚来支撑全身的重量。双脚同时移动，启动慢，而单脚移动快，平时注意练习这种力量，就能避免在运动中单腿而失重。扫帚腿指的是当我们左右移动之时，不知将腿抬起，像扫帚扫地一样拖地而行，这样练不出轻灵、迅快的劲道来。

中八方步开始，两腿小骑马势或单鞭势站好。两臂左右两侧平伸，两掌五指怒张，上身正直保持平衡。当步法移动之时，前手随前步、后手随后步，作顺时针旋转。步停手停，手脚相随，目视敌方，平时练习之时就好似眼前有敌人一般。在运用梅拳八方步的时候，姿势可高可低，要不断根据技击的需要加以调整。如身材高，姿势就高，则进退方便，但由于姿势高，它的重心也高，暴露的面积也比较大，当然就不易防守；身体的姿势低了，身体重心就低，有利于防守，进攻防守的伸缩能力强，可是消耗的体力大，不能坚持过长时间，所以我们在技击中运用八方步时，多采用中等格式，也有些习武者在猛烈攻击敌人的时候采用低势，退却的时候用高势，把高势与低势结合起来，组织成战术性的进攻。总之，技击之中要想巧妙地运用八方步，必须因人而定，因自己功夫的大小而定，因技击态势的发展而定，不可机械化地使用八方步。

总之，要想把步法练精是离不开三节九段及外三合和内三合的合整训练的。自身成不了一个整体是很难有精妙的步法，也打不出整力与身力地。常言道"用力之妙，存乎一心"，所以在格斗中心定、神稳也是打倒敌人的关键因素之一。这里的"心"并不是指心脏，而是指人体的思维和意识。心为万法之宗、一身之主，也是善恶的根源。修心就是要固守人心的纯朴本性，使心不放纵外驰，要修去内心的狡诈虚伪，使心地真诚、心神泰定，这样才能有"一心定而王天下，一心定则万物服"的本事呢！古人讲："心神定则鬼不能作祟，心神定魂魄才能相安，才能全性命之真以养性。"习武者的心神定还有另外的寓意，其不同点是在特殊的心理素质训练上，这应该可以理解为抵御外界干扰的心理承受能力。习武者在遇到挫折、失利、失败，甚至危险或突发事件时，能够迅速调整自己的心态，审时度势、遇险不惊、反应灵活，并且施用得准确得当。人们常讲胆大心细、遇事不慌，是指在遇上惊心动魄的事件时，表现出胸有成竹的心理素质和审时度势的应变能力。当面对手持凶器的歹徒时要有沉着的心态、冷静的头脑，这是以静制动战胜对方的前提条件。没有冷静心定的前提，就不会有一个估量克敌手段的瞬间准备，否则面对歹徒时就会方寸大乱，如果再表现得鲁莽急躁或胆小退缩就更不成了。只有用冷静的头脑，正确地分析敌我双方的优劣条件、评估环境，再加上巧妙的制敌方法，才能巧度险关。所谓的审时度势，是指迅速观察事件的发展变化，包括对敌方身体状况的观察、心理动机的捕捉，还包括对地形及事物的利用，以及对对方出手进攻时的意图和力量等的把握，寻找对方的破绽，在施用招法时要迅猛、果敢，这样才能将敌制服。传统武术特别注重这方面的心理素质的培养，要求习武者无论在何时何地，经历荣、辱、顺、逆，都要保持一种平和的心态，因为有了这种心态才能无坚不摧。若未经这种特殊的心理素质训练，在遇到事情的时候便会思想紧张、肌肉僵硬，动作也没平时那么灵活了，这谈何制敌呢？

我祖父在自家小院的墙上写着有关训练步骤的一行大字："一进、

二退、三法、四门、五势、六合、七疾、八方、九成、十拧"。我那时还小不太理解这行字的含义，后来，随着练拳的逐渐深入，慢慢地懂得祖父写这行字的含义。祖父是在告诫我们练拳要有顺序、章法，要一步一步往下深入学习，打下坚实的基础，才能练好拳，才能拥有搏击的本领。这点还望读者谨记！

　　小架梅花桩拳的习练需要五个阶段。初步练功时称作开始阶段，这个阶段的练功以抻筋、拔骨、踢腿、弯腰为主，以加强初学者的柔韧性，以及练习小梅花拳等各种套路。第二个阶段是习练小架梅花桩拳法的功法阶段，又称"拉架子"，通过"拉架子"可迅速增长习练者的功力、耐力、灵敏和速度，还能强健体魄。第三个阶段叫"打成拳"阶段，此时是按照师父规定的路数进行对打练习，为以后的实战打下扎实的基础。这个阶段的训练讲究相互"喂拳"，要体会对方发力的时机和招法的使用等，以及身体各部"手、眼、身、法、步"的配合等。这个阶段在使用各种招法时力求做到正、顺、圆、满、够这五个字。"正"即姿势正确、位置准确；"顺"即劲力通顺，劲力合一；"圆"讲的是变化灵活、变化不断；"满"即精气饱满；"够"是位置尺寸要够，也就是要求习武者姿势峥嵘、劲力通顺、变化圆活、气势弘浓等。第四个阶段小架梅花桩拳称之为打赢拳。打赢拳时交手双方已经抛开了规定的动作，没有一定的拳势可言，这时已到了随屈就伸、见缝插针、寻空按豆、随心所欲的程度。这时候的搏击不仅不限打斗的招法，而且也不限打斗的人数。二人击一人，三人击一人，或者更多的人围在一起呈混战状态，上打下踢，左旋右转，如同翻江倒海一般。相搏中能够取胜者，才能说他真正掌握了小架梅花桩拳的搏法要领。第五个阶段则为内修阶段，此时师父该讲周天功法了。在这五个阶段进行持之以恒的长期苦练，加上明师的指点，才能练艺上身，再经过久战思练，形成"条件反射"和"皮肤听觉"，最后才能达到"炉火纯青"的地步。

第十一章

小八方、中八方练习法

一、小八方练习法

付费下载高清大图

小八方步脚落三点，开始姿势成小骑马裆势或单鞭势站好。姿势不要过低，姿势太低会影响攻击之时的速度；高了也不行，姿势过高接近站立时的姿势，这时候重心过高，容易给对方造成攻击的时机，所以小八方步的小骑马蹲裆势要因人而异，高矮要适合。小骑马蹲裆势站好以后两臂向左右两侧平伸，肩与肘都要放松，身体保持自然，两掌五指舒张，但是决不能过分用力，影响动作的发挥，上身要正，保持身体的平衡、稳定。当步法移动的时候前手随前步，后手随后步，作顺时针移动，意思是以手的晃动迷惑敌手，步停手即停，步动手随动，手脚相随，眼睛随晃动的前手前视，注意观察对手的微波动作，在平时练习的时候眼前无人似有人，击打格斗时视眼前有人似无人，要养成手眼身法步相随的习惯。

预备势开始，站立于四门之壹、叁门位置出势，位置图示如图1。

图1

第一式：预备势

甲乙双方沿壹、叁门对角线站立，转头向左目视对方。甲乙双方均身体立直，脚跟靠拢，两脚尖相开30度。两臂自然下垂，两掌平贴裤侧。舌轻抵上颚，平心静气。（如图2）

图2

第二式：指天画地

甲乙双方同时右臂向前方画圆上举，掌心向内，在右臂上举的同时左脚向前迈进一步，右脚随即跟上并拢，左臂下垂指地；做到"右手戳天，左手指地"，转头目视对方。要有天上地下唯我独尊的态势。（如图3）

图3

第三式：摘星布斗

动作一：甲乙双方同时右脚后撤一步，同时右掌向下经体侧向后上方画圆伸出，成拳，拳心向里。在右掌经过体侧的同时，左掌经胸前贴身画圆向右肩成拳，拳心向里，左腿并向右腿后直立，成"立打虎势"，目视对方。（如图4）

图4

动作二：左、右拳同时经体前变掌画圆。左掌沿身前向上方画圆伸出，右掌向后下方画圆按压；同时左脚向前迈步，身体重心前移立于左脚，右腿伸直，右脚尖虚点。左掌前伸如同摘星，右掌下按如同

按住老虎头，不让老虎抬头一般。（如图5）

动作三：重心后移至右脚，右腿屈蹲，身体下蹲成单重力，左脚尖虚点前伸；同时左、右掌经身前交叉后外展呈布斗之势，右掌与头同高，左掌与胯同高。胸微含，转头，目视对方。（如图6）

第四式：立打虎势

甲乙双方同时左脚向前迈出一步，右脚跟上，虚不落实。随即右脚沿中线向身体右侧横跨一步，左脚跟上并拢，同时右掌经体前画圆向上方伸出，成拳；左掌经胸前向右肩成拳，掌心向里。目视对方，成"立打虎势"。（如图7）

第五式：右顺势

甲乙双方同时左脚沿中线向左侧迈出一步成左弓步，左脚尖向东，小腿与地面成90度垂直，平膝胯；右腿绷直，右脚与左脚成丁字步。同时，左拳经下腹前向左侧画圆伸出，与肩齐；右拳直接放下与耳齐。两拳平行伸直，拳心向下，目视对方。（如图8）

第六式：直点捶

甲乙双方同时右脚上步，并

图 5

图 6

图 7

图 8

于左脚内侧，脚尖点地，同时左拳勒于腰间，右拳向前直点而出，拳眼向上。

第七式：摘星布斗

动作一：甲乙双方同时撤右步，同时左拳经体前变掌由下向前上方画圆伸出，右拳经体前变掌向后下方按压；同时身体向左转体90度，面向东方，重心转向左脚，左腿立直，右腿伸直，右脚尖虚点，目视对方。（如图）

动作二：重心后移至右脚，右腿屈蹲，身体下蹲成单重力，左脚尖虚点，左腿略屈；同时左、右掌经体前交叉后外展，右掌与头同高，左掌与胯同高。胸微含，目视对方。（如图）

第十一章 小八方、中八方练习法

小架梅花桩拳——搏击之道

第十一章 小八方、中八方练习法

二、中八方练习法

中八方步脚的落点是五个点，开始的时候和小八方步一样，以小骑马裆势或单鞭势站好。姿势的高低因人而异，两臂向左右两侧平伸，腕关节、肘关节都要放松，两掌五指舒张，不要用力过猛。上身下坡保持身体的平衡，不论步法如何动作变换都要保持重心的稳定，前手随前步，后手随后步，作顺时针旋转绕环，步停手停，手脚相随。为了节省体力，两手也可以不作顺时针旋转，可自然地随步向前伸出即可，但是一定要脚到手到，手脚配合协调一致。两眼顺前手目视对方，细心观察对手的变化。

预备势开始，站立于四门之壹、叁门位置出势，位置图示如图1。

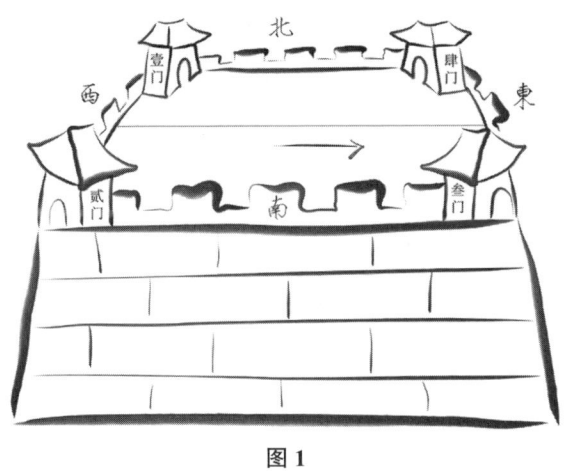

图 1

第一式：预备势

甲乙双方沿壹、叁门对角线站立，转头向左目视对方。甲乙双方均身体立直，脚跟靠拢，两脚尖相开 30 度。两臂自然下垂，两掌平贴裤侧。舌轻抵上颚，平心静气。（如图 2）

第二式：指天画地

甲乙双方同时右臂向前方画圆上举，掌心向内，在右臂上举的同时左脚向前迈进一步，右脚随即跟上并拢，左臂下垂指地；做到"右手戳天，左手指地"，转头目视对方。要有天上地下唯我独尊的态势。（如图 3）

图 2

图 3

第三式：摘星布斗

动作一：甲乙双方同时右脚后撤一步，同时右掌向下经体侧向后上方画圆伸出，成拳，拳心向里。在右掌经过体侧的同时，左掌经

胸前贴身画圆向右肩成拳，拳心向里，左腿并向右腿后直立，成"立打虎势"，目视对方。（如图4）

图4

动作二：左、右拳同时经体前变掌画圆。左掌沿身前向上方画圆伸出，右掌向后下方画圆按压；同时左脚向前迈步，身体重心前移立于左脚，右腿伸直，右脚尖虚点。左掌前伸如同摘星，右掌下按如同按住老虎头，不让老虎抬头一般。（如图5）

图5

动作三：重心后移至右脚，右腿屈蹲，身体下蹲成单重力，左脚尖虚点前伸；同时左、右掌经身前交叉后外展呈布斗之势，右掌与头同高，左掌与胯同高，胸微含，转头，目视对方。（如图6）

图6

第四式：立打虎势

左脚向前迈出一步，右脚跟上，虚不落实；随即右脚沿中线向身体右侧横跨一步，左脚跟上并拢，同时右掌经体前画圆向上方伸出，成拳。左掌经胸前向右肩成拳，掌心向里。目视对方，成"立打虎势"。（如图7）

第五式：右顺势

甲乙双方同时左脚沿中线向

图7

左侧迈出一步成左弓步，左脚尖向东，小腿与地面成90度垂直，平膝胯；右腿绷直，右脚与左脚成丁字步。同时，左拳经下腹前向左侧画圆伸出，与肩齐；右拳直接放下与耳齐。两拳平行伸直，拳心向下，目视对方。（如图8）

图 8

第六式：直点捶

动作一：甲乙双方同时右脚上步，并于左脚内侧，脚尖点地，同时左拳勒于腰间，右拳向前直点而出，拳眼向上。

第七式：摘星布斗

动作一：甲乙双方同时撤右步，同时左拳经体前变掌由下向前上方画圆伸出，右拳经体前变掌向后下方按压；同时身体向左转体90度，面向东方，重心转向左脚，左腿立直，右腿伸直，右脚尖虚点，目视对方。（如图）

动作二：重心后移至右脚，右腿屈蹲，身体下蹲成单重力，左脚尖虚点，左腿略屈；同时左、右掌经体前交叉后外展，右掌与头同高，左掌与胯同高。胸微含，目视对方。（如图）

小架梅花桩拳——搏击之道

第十一章　小八方、中八方练习法

第十一章 小八方、中八方练习法

　　八方步是梅花桩拳在击打格斗中的实用步法。在实战中，双方的态势瞬息万变，我们必须巧妙地应用步法，步随身换，脚随手出，迅疾万变，使自己随时保持或寻找与对方最合适的进攻和退却位置与距离，使自己处于最有利的地形和位置，随时都能够运用最敏捷、最有效的招法制胜，并能够随时保持自己身体的平衡。在实战中，小八方、中八方要根据敌势配合使用才能得到最佳的搏击效果，才能真正起到交手认路战巧法的作用。

第十二章

小架梅花桩拳里的四门兜底阵

早期的阵法应该起源于远古时代的狩猎活动。阵，就是古代军队在战斗时，根据地形条件、敌我实力等具体情况而布置的战斗队形。从基础的一兵、一伍、一列开始，一直到全军，都要做到"立兵伍，定行列，正纵横"。换句话说，阵就是各种战斗队形的排列和组合。古代兵家认识到，兵士之所以逃离阵地，是因为营寨不坚固，就如同行人没有家一样，所以一定要先定营，依据地势而布阵。临战之时，训练有素的军队在猝然临敌的情况下可迅速结成阵营，不致散乱，而能攻守相顾、彼此照应，使战斗力增强，即便人少，也能将力量集中起来发挥到极致。

付费下载高清大图

传统武术与兵家有不解之缘，是保护自身及国家的利器。不过，兵家是不提倡单打独斗的个人英雄主义的。在原始社会，战争形态可能无限接近于流氓群殴，可是很快人们就总结经验并发明了阵型这个利器。道理很简单，整齐划一的战术动作比零零散散的出击威力大得多。在冷兵器时代，很多战术都要借助于阵型才能体现出来，最简单的阵型就是两翼包抄，可以迅速将敌人一部分主力分割开来，形成局部以多打少的优势。可以想象在古代战场上，受过正规训练的军队都是严格按照阵型来完成战术动作的，每个人都好像庞大战争机器上的一颗螺丝钉，既不能后退也不能冒进，只需要不停地重复机械而单一的战术动作，直至全军胜利或自己战死。

古代阵法没那么复杂，可简单分为进攻和防守两种型式，所以阵法有防御的阵，也有攻击的阵，小架梅花桩拳里的四门兜底阵是进攻和防守两用的。小架梅花桩拳里的四门兜底阵的阵法是一种战斗队形的配置，在古代短兵相接的情况下，为了寻求战场上统一的指挥和协同动作而产生的一种方法。另外还有用以射击的"云阵"、围敌的"赢渭阵"、奇袭的"阖燧阵"等。古人布一个打仗的地点称之为"阵"，兵进入阵中则称为"布阵"；现代军事术语则称为"阵地"，用兵则称为"兵力部署"。要塞就是永久的阵地。阵法之形态虽然随时代的进步而有所衍变，但战阵之法则至今流传！

四门兜底阵的阵法是在五方位（前后左右中）、八方位（四方与四角）、九方位（八方与中央）等阵势的布置运用和变化的，多为防御部署的架构，使之先立于不败之地，而后求战，这样胜算较多。其实阵形的变化与运用并非拘泥不变，而是存乎一心的！孙子说："以前善于用兵作战的人，总是首先创造自己不可战胜的条件，并等待可以战胜敌人的机会。使自己不被战胜，其主动权要掌握在自己手中；敌人能否被战胜，在于敌人是否给我们以可乘之机。所以，善于作战的人只能够使自己不被战胜，而不能使敌人一定会被我军战胜。所以说，胜利可以预见，却不能强求。"自古之兵非好战，战就要有把握，有强大的实力才能说一战即可胜敌。所以，平时排兵布阵即对士兵的阵法训练要经常操演，做到训练有素。小架梅花桩拳在平时练习时，以四门为纲，再以圆为用，这就是古代兵家阵法思想的结晶。所以小架梅花桩拳不单单练习单打独斗的技击本领，同时也训练了组织队伍的战斗能力。它的三法、四门及八方步法，可以形成实战中的"四门兜底阵"，故此它才能在战场中取胜！

小架梅花桩拳法里的四门兜底阵内含四正阵、四隅阵、混元阵、梅花阵等，懂其演练者，要因地势、敌情而自行衍变、变换。如拘泥于程式而不懂变通，会使你在敌人熟知你的路数的情况下而被攻破，这是败于纸上谈兵而不懂得兵家变通之道上，三国时期的马谡失街亭就是最好的例证。

小架梅花桩拳法里的四门兜底阵内含这四阵的示意图如下。

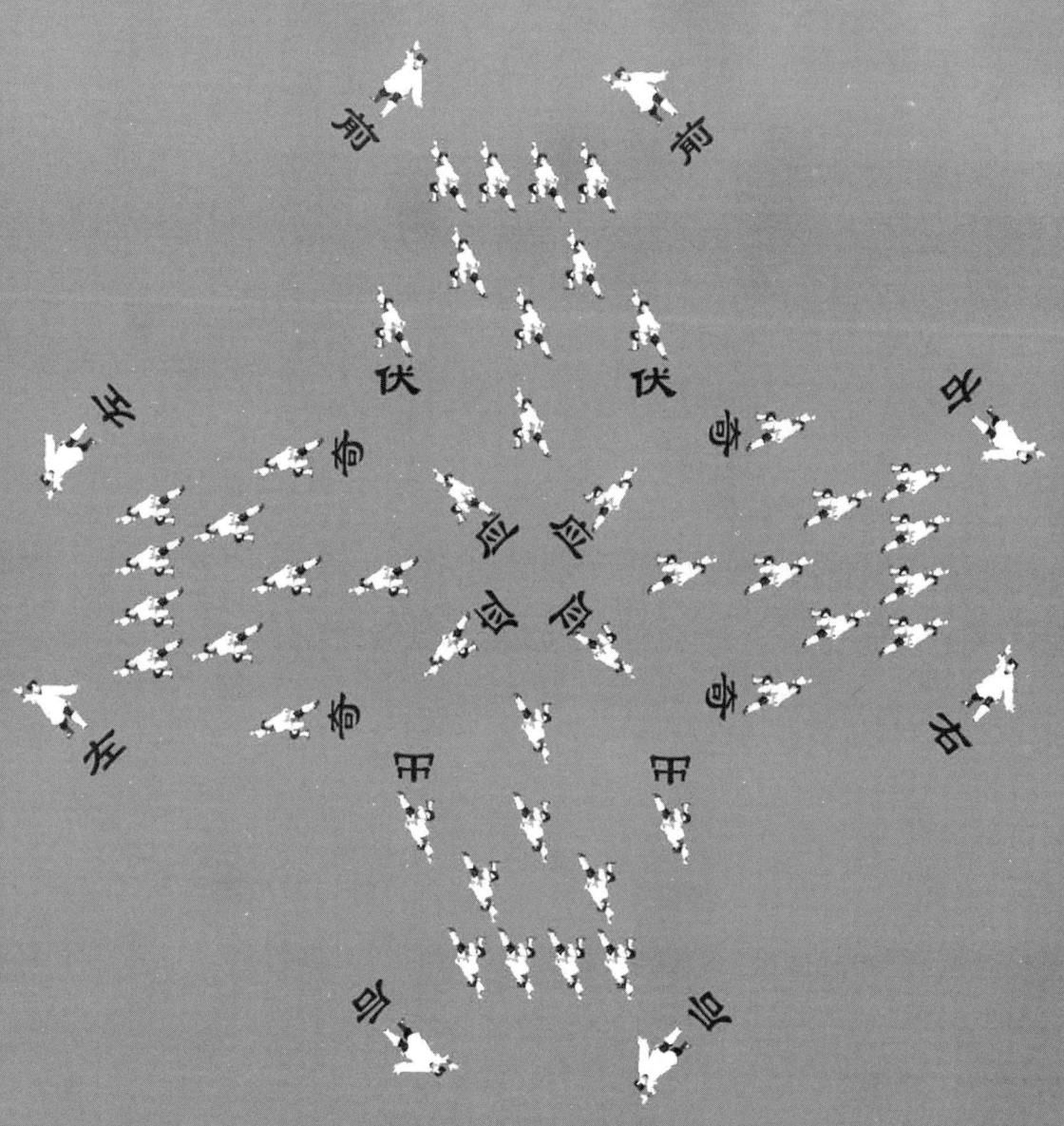

四门兜底阵变化之四正阵图

四隅阵示意图

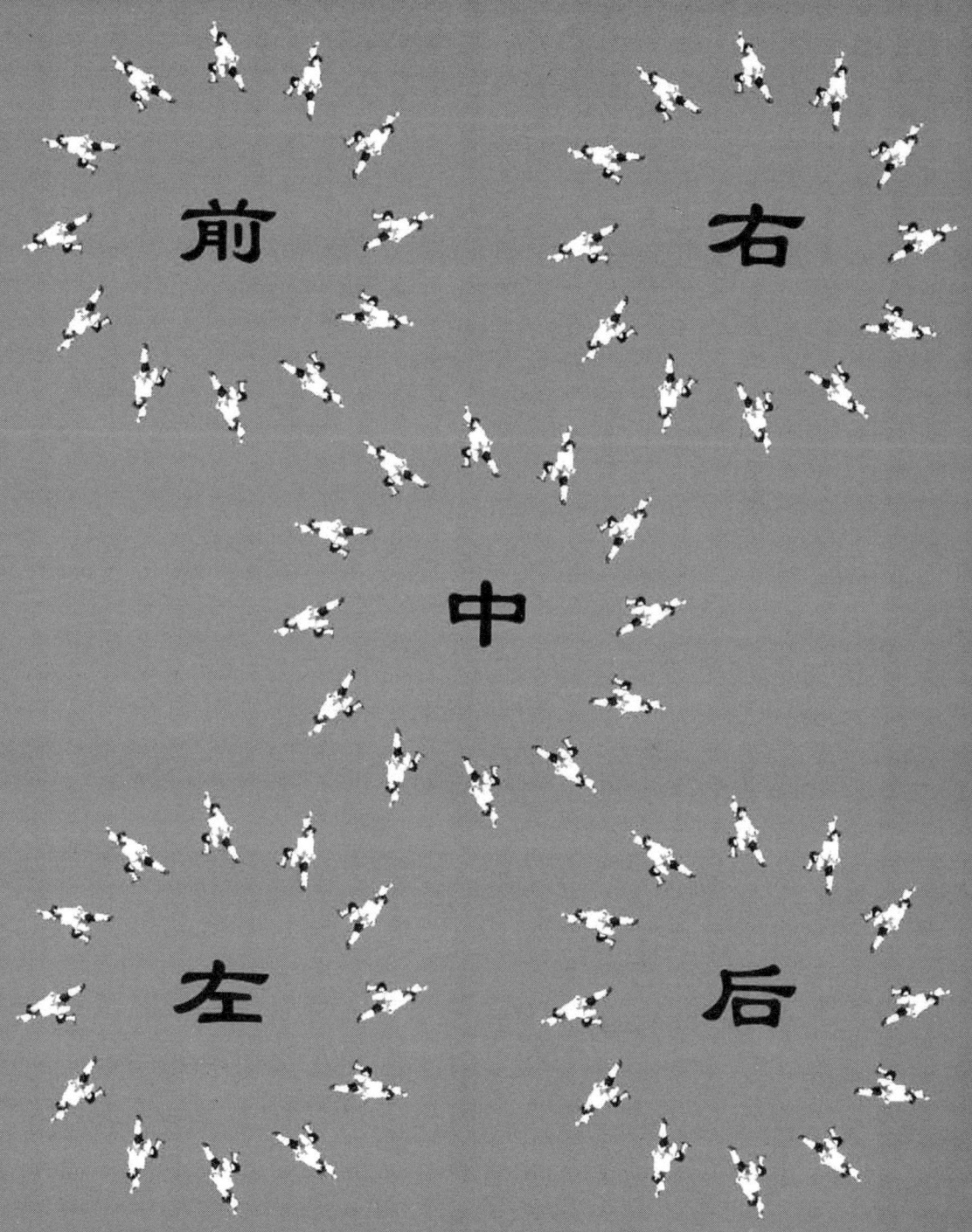

梅花阵示意图

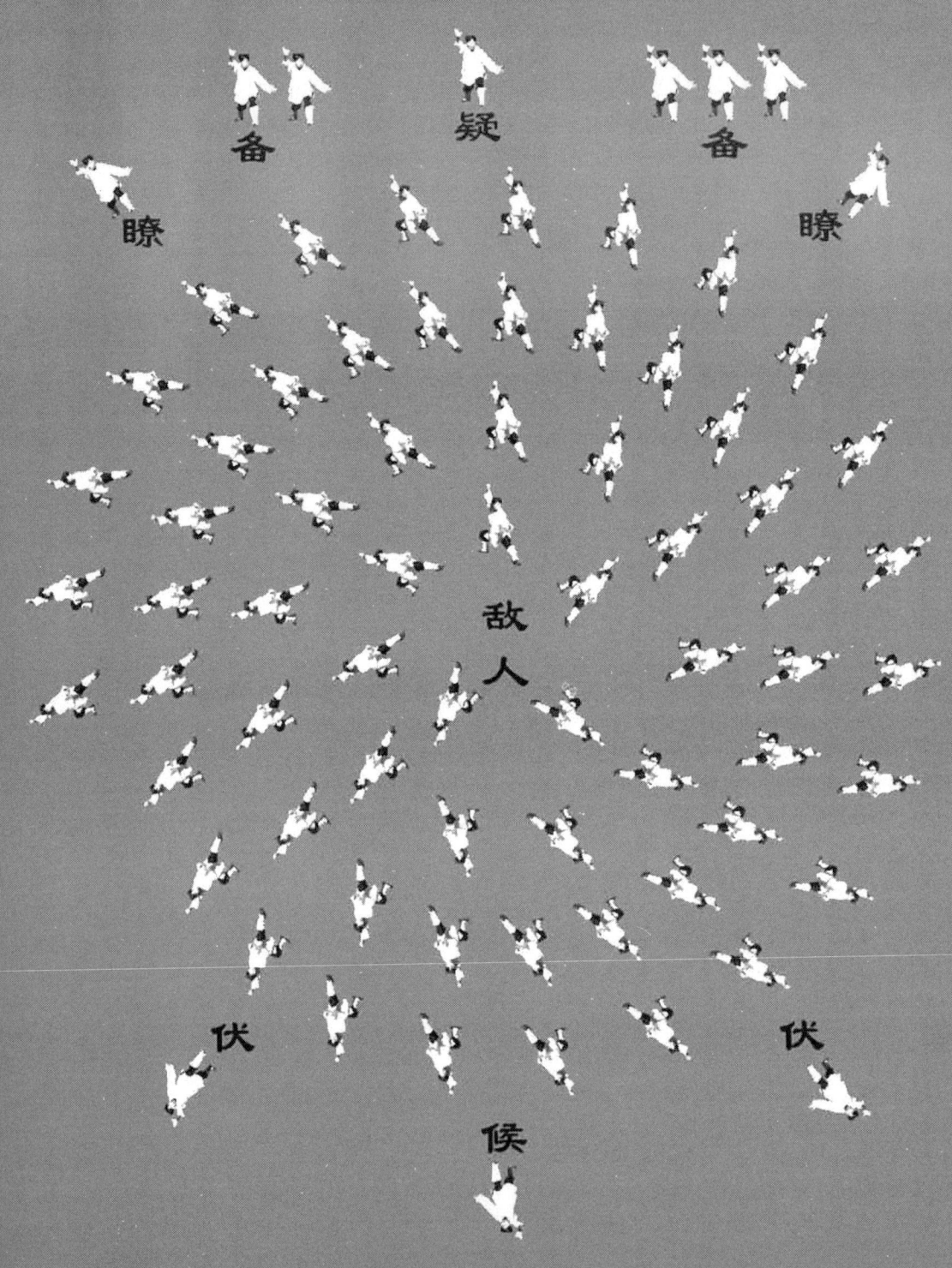

混元阵示意图

　　小架梅花桩拳弟子可按上述阵法排序练习，此时如同梅花的绽放，大开大合，甚为美妙；还可使用混元阵走圆的形式练习，弟子们在练习时犹如混沌未分混如一团，纷纭不散，盘绕旋风如同长蛇形式，散而不乱，东南西北四方，各有归属，弟子们分毫不错，进如风雨，退似山移；当有四人练习时，则可按四正、四隅阵法练习；在这其中不管用什么阵法，都会配以各种打法，来呈现入阵、破阵等古老的战斗形式。四门兜底阵的最大妙处在于它的百变性，它可包罗多种上述阵法形式，使敌入阵如进云里雾里一般，从而迷失方向而被击溃。

　　这种与古代兵家训练士兵的方法相统一的拳法是难得的，由此可见小架梅花桩拳至今还保留着古代兵家的一些遗迹，实属难能可贵，也是当今武林界所独有的！古人云："凡一国之强弱兴败，皆视其有无得力之将，一将之能，可以扭转乾坤，称霸天下，古今中外，屡见不鲜。"可见，小架梅花桩拳的技法，不单在谈技击，更是在言兵家的用兵之道，也是在言兵家的育将之道！

第十三章

图说成拳对打

小架梅花桩拳的成拳对打练习是打公拳的基础。有人说成拳对打有十大手，其实何止十大手啊！虽然成拳对打是按事先规定好的打法练习，但其招法的变化是多端的，可添加各种搏击手法。练成拳对打，是有打上风拳和打
下风拳之分的，打上风拳是使用各种招法攻击对手，或者说显露自己"有本事"的是打上风拳的；打下风拳则是使用各种防御手段，化解对手招法及寻找对手的漏洞还击对方，或者说挨摔的是打下风拳的。我建议读者不要老打上风拳，因为打上风拳是练不出功夫的，长期打下风拳的功夫一定比老打上风拳的功夫高！使用一种招法一次能打倒人，两次能打倒人，等到第三次就不见得好使了。平时老挨打能培养自身的运动知觉，化解对方招法的能力会很强，所以打下风拳者久而久之必然是武功高手。因此我祖父在安排成拳对练时，总是喜欢设计一个先攻击，再用技法化解，然后反攻，彼此都有输赢的成拳对打套路，目的就是让自己的学生能全面掌握小架梅花桩拳的攻防技能。

再者，小架梅花桩拳对打时，有时的倒地是策略，一是躲避对方凶猛招法的手段，二是为了寻找战机，以便使用自身的地盘功夫来攻击对方下盘。所以小架梅花桩拳中倒地不算输，而是要看他为何倒地，倒地后他做什么。因此小架梅花桩拳又有地躺拳之称。

一手：挑进

甲乙双方，分左右预备势站好。甲乙双方同时上步，指天画地。

而后同时摘星布斗。然后进步换单鞭，相对而站。

甲乙双方同时向对方打直点捶。而后摘星布斗，相对而立。

甲乙双方以八方步找对方破绽，伺机而动。

小架梅花桩拳——搏击之道

甲方待乙方右手探出，迅速出右手刁拿乙方右腕，并旋拧。

乙方用力反拧，甲方借乙方之力，上左步，同时左手挑进乙方右臂，进身以左臂搂抱乙方后腰，同时右手掐乙方咽喉。

乙方借势后仰，左手托甲方右肘，以右臂搂抱甲方后腰，同时将甲方右臂推向其面部，以锁拿甲方。

甲方顺势向左微闪身，以化解乙方的锁拿，同时左手自下而上向左侧挑开乙方左臂，同时右掌拍向乙方肋部。

乙方在形势不利的情况下，借势向右侧跌出，以躲闪甲方右掌。

乙方摔出后,迅速以右腿屈地,右拳面撑地,左手及左脚蜷缩护在身前,呈坐盘,防备甲方的进攻。甲方以右打虎式,目视乙方。

二手:抓拿

起势如上。此段落从抻八方找敌人空档起始。

第十三章 图说成拳对打

甲方向后撤左步，左转身，同时左手扣住乙方左手，并合右肘向下锁拿乙方左臂。

甲方腾出右手，按住乙右臂，抬右脚蹬乙方左胯，将乙方蹬出。

乙方借势抢背滚出，然后迅速站起，呈立打虎式防备甲方。

三手：背手

起势如上。此段落从抻八方找敌人空档起始。

乙方待甲方右手探出，迅速出右手刁拿甲方右手，并向后旋拧，擒拿甲方右臂。

甲方借势向左后转身，左腿迈向乙方右腿外侧，同时左手借转身掐乙方咽喉。

乙方借势向后闪身，双手扣住甲方左腕，同时撤右腿向右侧闪身，双手外掰，擒拿甲方左臂。

甲方左手向前探出，以化解乙方擒拿。同时右手抓住乙方右腕，转身双手外掰反拿乙方。

乙方左手向前探出，化解甲方擒拿。同时起右脚片向甲方头部，甲方藏头缩脑，摇身自下闪过乙方右腿。

同时甲方右手借摇身之势，抄拿乙方的支撑脚左脚。乙方借势滚出。

乙方以立打虎式盯住甲方，甲方以虎式盯住乙方。

四手：撕撸头

起势如上。此段落从抻八方找敌人空档起始。

甲方趁乙方探出右手之时跃起，双手呼向乙方面部。乙方向后躲闪，甲方借势落地，以双手抄抱乙方右腿，其中左手抱乙右膝，右手

抄乙右脚腕。

乙方迅速颠换步撤右腿，闪过甲方的抄抱。

乙方迅速出右脚踢向甲方小腿，甲方左手向下刨开乙方右脚。

乙方借势落右脚，出右掌盖向甲方头顶。甲方颠换步转身，抬左手，架住乙方右掌。同时进右步，出右拳，直点乙方心窝。

乙方转身颠换步，以左手托甲右肘，同时进左步以右拳直点甲方右肋。

甲方转身撤右步，同时右手下刨挡开乙方右拳。

乙方再进左步出左掌，扇向甲方面部。甲方抬左手招架乙方左掌。

乙方顺势抬右脚撞向甲方小腹。甲方撤左步，左手向下刨开乙方右脚。

乙方顺势落步，出右掌扇向甲方头部。甲方左掌上架，架住乙方右掌。

乙方左掌扇向甲方面部，甲方右手上抬架住乙方左手；同时乙方提左脚，踹向甲方右肋。甲方迅速撤步转身，右手向下刨开乙方左腿。

乙方借左脚落地，双风贯耳，击向甲方头部。甲方双手向上支架乙方的双风贯耳。

甲方借乙方门户大开之际，迅速进身，以双掌拍击乙方胸部。

甲乙双方以虎式盯住对方。

五手：曲腿

起势如上，此段落从抻八方找敌人空档起始。

乙方伺机而动，抬左腿踢向甲方支撑腿。乙方右手顺势下刨，以化解乙方攻击。

乙方顺势落步，以双风贯耳击打甲方。甲方抬双臂上架。乙方二起脚，右腿踢向甲方。甲方顺势下刨，刨开乙方右腿。

乙方顺势落步，右掌击甲方头部。甲方左手向外搅架，进右步别住乙方右腿，右手击打乙方头面部，将乙方摔出。乙方顺势摔出，化解甲方击打之力，起身坐盘，观察甲方动势。

六手：八方撞脚

起势如上，此段落从抻八方找敌人空档起始。

第十三章 图说成拳对打

小架梅花桩拳——搏击之道

218

甲方伺机而动，起右脚蹬向乙方。乙方刨开甲方右腿，甲方顺势落步，右手直点捶击打乙方腹部。

乙方左手向下外刨，右手直点捶击打甲方腹部。甲方左手外刨。

甲方颠换步，起左脚踢向乙方。乙方向后撤右腿，顺势刨开甲方左腿。

甲方二起脚，右腿里和腿踢甲方头部。甲方以钻山式躲开乙方右腿。

乙方提右脚蹬击甲方肋部。甲方从乙方身侧进右步，同时右手下刨，而后上挑乙方右腿。

甲方上左步,左手抹眉,将乙方摔出。乙方顺势抢背摔出,迅速起身坐盘,观察甲方动势。

七手：双裹手

起势如上，此段落从抻八方找敌人空档起始。

乙方伸右臂探打甲方，甲方颠换步，同时以双裹手破掉乙方探打。

甲方落步以直点捶击打乙方腹部，乙方抽撤步，同时左手下刨，躲开甲方直点捶。而后落步，右手直点捶，击向甲方腹部。

甲方颠换步，躲开乙方来拳，同时右臂向外搅架。乙方顺势以左臂搅架甲方右臂。

乙方顺势曲右臂栽捶击打甲方前胸。

甲方屈右臂，进身挂挡乙方栽捶，顺势肘击乙方胸部。

乙方撤左步,躲避甲方攻击。

甲方顺势进身,以切别摔将乙方摔出。乙方迅速起身,以虎式观察甲方动势。

第十三章 图说成拳对打

八手：撩腿

起势如上，此段落从抻八方找敌人空档起始。

第十三章 图说成拳对打

甲方趁乙方右手探出之时，以右臂迎架，同时颠换步，反背以左臂砸击乙方腿部。乙方以颠换步躲闪，同时左臂迎击甲方攻击。

乙方顺势颠换步追击甲方，以左臂砸向甲方腿部，甲方撤步躲闪，以左臂迎击乙方攻击。

甲方顺势上右步，欲攻击乙方，乙方躲闪。

甲方继续追击，趁乙方未站稳之时，抄抱其左腿。乙方顺势以斜飞脚踢向甲方头部。甲方后撤躲闪。

乙方落步，反背捶击打甲方头部。甲方顺势刁拿乙方右手，并旋拧。

乙方用力反拧。甲方借乙方之力，左腿进步，涨右手，抽身，抄抱乙方右腿，将乙方摔出。

乙方迅速起身，双方以虎式对立。

第十三章 图说成拳对打

第十四章

图说打公拳

熟练掌握成拳技法的基础之后就可进入打公拳阶段，即自由地与多人实战的阶段。在这个阶段，练功者应抛开成拳的固定套路的束缚，综合运用小架梅花桩拳的各种搏击技法，做到因敌势而出招、见缝插针、随心所欲地把小架梅花桩拳的各种搏击技法加以灵活发挥。所以打公拳是检验小架梅花桩拳的搏击技能的最好手段。

付费下载高清大图

从起势到拗势三捶为打公拳的规定的上场动作，从滚身进开始就进入了"拳无拳、意无意，无意之中是真意"的境界。此时没有固定招法，招法要因敌而变化，可随意施展自己的搏击技能。此时应用大八方的乱点之法（包括四门、三法、小八方、中八方等众多步法），以不要被众师兄弟围住、擒住为准则，施展声东击西、指南打北的策略，找其薄弱点而攻之，千万不要恋战，因为恋战会有被众师兄弟包围擒住的危险。

打公拳的特点是：一方施展手段尽量不被众师兄弟包围擒住，而众师兄弟若见到对方冲出重围，要尽快再次形成包围之势，用集体的力量去擒住对方，此时就如同恶虎斗群狼一般，甚是精彩。

打公拳能充分体现集体的力量，所以打公拳能培养师兄弟之间的团结友爱精神，另一方面可训练一人敢斗群雄的勇敢向上精神。所以小架梅花桩拳深受人们喜爱。此篇以穿白色道装的为主体，大家看他是如何声东击西、指南打北的。

起势如下列各图。下图以玉昆子道长的姿势为准

第十四章　图说打公拳

小架梅花桩拳——搏击之道

第十四章　图说打公拳

小架梅花桩拳——搏击之道

小架梅花桩拳——搏击之道

246

以滚身进进入打公拳的阶段。

第十四章 图说打公拳

小架梅花桩拳——搏击之道

第十四章 图说打公拳

小架梅花桩拳——搏击之道

第十四章 图说打公拳

小架梅花桩拳——搏击之道

第十四章 图说打公拳

小架梅花桩拳——搏击之道

第十四章 图说打公拳

第十四章 图说打公拳

第十四章　图说打公拳

第十五章

打成拳、打公拳的要领

打公拳是要有成拳基础的，而打成拳是要有架子功夫的，有了架子功底才能不怕摔，当身体能够承受住摔打，师父才敢教成拳。虽然成拳是在众多的对打练习套路中挑选出来的，但实用性很高，又能为打公拳打下一个扎实的基础，所以成拳对打练习才是学习小架梅花桩拳搏击的必经之路。

成拳对练中的一大部分是小架梅花桩拳中的上、中、下三盘的打法，其中含盖了抓、拿、摔、打、跌、扑、滚、翻的动作，以及劈、扣、摧、踏、踢、点、截、撞等腿法，它虽然比单纯的套路练习提高了一大步，已经接近实战，但仍然没有脱离有套路的对练阶段。套路的对打练习，要求习练者懂得相互"喂拳"、互相听劲、彼此配合，姿势、招法都要达到正、顺、圆、满、够这五个字，意思是姿势峥嵘、劲力通顺、变化圆活、气势泓浓。对练的双方要在打的应手、摔的平稳中互相练习，如果我们在成拳对练之时互相较劲，则会在双方用力过猛时僵化自己，更不能相互体会成拳对练时劲道的要领，而且还容易受伤。

成拳对打练习，初练起来，表面上看似乎只有这十几手对打的拳法，有人说成拳对打有十大手，其实何止十大手啊！成拳对打并不是一成不变的，每一手打法都能够由一手打法变成多种打法。成拳的招法的变化是多端的，可添加各种搏击手法，而且每次成拳对打练习都会是不一样的，要因对手的变化而使用相对克制的招法。这些招法在平时要烂熟于心，才能在成拳对打时充分发挥出其风采。譬如，第一手挑进打法，它可以下面近敌进招，也可以反面近敌进招；可以挑进之后掐对方的咽喉，制住对方，也可以挑进以后接用栽锤、快锤、连环锤等锤法将对方打倒；甚至还可以挑进之后用拿法拿住对方；当身体贴近对手之时，又可以用肘打、臂打、胯打、头打……总而言之，小架梅花桩拳的成拳对打练习中，每一手打法都能够举一反三，千变万化，一手连一手，一招接一招，一招破一招。

　　练成拳对打，是有打上风拳和打下风拳之分的。打上风拳是使用各种招法攻击对手，或者说显露自己"有本事"的是打上风拳的；打下风拳则是使用各种防御手段，化解对手的招法及寻找对手的漏洞还击对方，或者说挨摔的是打下风拳的。我建议读者不要老打上风拳，因为打上风拳是练不出功夫的，长期打下风拳的功夫一定比老打上风拳的功夫高！因为使用一种招法一次能打倒人，两次能打倒人，等到第三次就不见得好使了。平时老挨打能培养自身的运动知觉，化解对方招法的能力会很强，所以打下风拳的久而久之自然就比打上风拳的功夫高！

　　我祖父常讲："不会挨打，就不会打人。"在成拳对练之时不能只想打上风拳。光想占别人便宜，光想打别人、赢对方，怕倒地、怕挨打，这样反而进步慢。经常打下风拳的人，经常挨打、经常挨摔，经常尝试挨摔挨打的味道，有了挨摔挨打的实践，从中吸取教训，从中练就了吸、卸、柔、化、挨、搒、扭、蹭的劲道要领，进步当然快多了。因此我祖父在安排成拳对练时，总是喜欢设计一个用招法攻击，一个用技法化解然后反攻，彼此都有输赢的成拳对打套路，目的就是让自己的学生能全面掌握小架梅花桩拳的攻防技能。再者，小架梅花桩拳对打时，有时的倒地是策略，一是躲避对方凶猛招法的手段，二是为了寻找战机，以便使用自身的地盘功夫，攻击对方下盘。所以小架梅花桩拳倒地不算输，而是要看他为何倒地，倒地后他要做什么。因此小架梅花桩拳又有地躺拳之称。

在全面、熟练地掌握成拳的基础上，练功者便可进入打公拳的阶段，即自由实战阶段。在这个阶段，练功者应抛开成拳的固定套路的束缚，综合运用小架梅花桩拳的各种搏击技法，做到因势应招、见缝插针、随心所欲地把小架梅花桩拳的各种搏击技法加以灵活发挥。所以打公拳是检验小架梅花桩拳的搏击技能的最好手段。

祖父常常讲："拳无拳，意无意，无意之中是真意。"不少习武者，练了一辈子拳，能说、能练、姿势优美，可就是在实战中发挥不出应有的才能。当然，其中原因很多，我认为至少有这么两点：第一是功夫不到家，艺没上身，没有把拳术之中的各种招法真正地融化到身上；第二就是平时缺乏实战训练。

习武者平时的对打实战训练是非常重要的。虽然前边讲到小架梅花桩成拳对打练习是要讲究配合的，但当我们熟练掌握技术、招法的要领之后，就应该着重于实战方面的演练了。要按照拳无拳，意无意，无意之中是真艺的说法，把所有学过的招法融化在身上，在拳打脚踢、刀劈枪扎之时，能够形成下意识的反应，不假思索地破解。想要把搏击练到随心所欲的程度，除了需要持之以恒的长期磨炼，还需要知多见广，并有名师指点，而且还需真练实做、真打实斗，这样才能做到艺上身。

祖父曾讲在打公拳时以不要被众师兄弟围住、擒住为准则，要施展声东击西、指南打北的策略，找其薄弱点而攻之，千万不要在一人身上恋战，因恋战就有被众师兄弟包围擒住的危险。要用迅猛的招法打开突破口，然后迅速跳出重围，再寻找战机、寻找下一个突破口。要用智慧去分析敌势，运用兵家策略来应对，才能以寡胜众，才能逐个击破。

从起势到拗势三捶为打公拳的规定的上场动作，从滚身进开始就进入了"拳无拳、意无意，无意之中是真意"的境界。此时没有固定招势，招法要因敌而变化，随意施展自己的搏击技能。此时的步法，则应用大八方的乱点之法（大八方包括四门、三法、小八方、中八方）等众多步法。

打公拳的特点是，一方施展手段尽量不被众人包围擒住，而众师兄弟若见到对方冲出重围，就要尽快再次形成包围之势，用集体的力量去擒住对方，此时就如同恶虎斗群狼一般，甚是精彩。所以打公拳能够充分体现集体的力量，而且打公拳既能培养师兄弟之间团结友爱的协作精神，又能培养只身敢于挑战群雄的大无畏精神。

在打公拳时，要特别注重内功的运用。只有做到"心与意合、意与气合、气与力合"，并做到以意行气、以气运身的状态，才能在打公拳时有胜算的把握。祖父讲："三分技法，七分内功。"精湛的技法无不依赖于深厚的内功根基。再精妙的招法如离开内功的支持，那简直就是无本之木、无源之水。

当然，全身各部位的协调配合，也是打好公拳最起码的条件。比如手、眼、身、法、步这几个基本环节都应该得到很好的训练。其实这几个基本环节在小架梅花桩拳术中的各个练习阶段，我都向读者讲解过了。对于眼法，在打公拳时要求做到以静观动，密切注视对手的身体变化。步法，是在攻防进退中逼近敌身，占据有利位置。对于身法，在打公拳时要求起身落步，六合如一，上步要先上身，用贴身靠打的方法使对手难以立足，这样才能打开缺口。手法方面既有直线的来回屈伸，又有环形的旋转，在打公拳时讲究不与来力相逆相抗，而是利用巧劲，迅速攻击对方，冲出重围。上述几点是紧密联系、缺一不可的，需要悉心体会，才能在打公拳时占据上风。

打公拳应避实就虚、当机立断，就像小架梅花桩拳里讲的打公拳"三法则"一样。"三法则"即指捣虚法、埋伏法、侧闪法，这三者均要求打公拳者要瞬间做出反应，因为战机一闪即逝，练功者必须积极捕捉时机，切莫当断不断、犹豫不决。

捣虚法。拳理中讲："任他拳猛气总偏，此有彼无是天然。"因为

对方手一出力，气总会偏着一面，不可能四面均匀出力。对方用直劲出拳时则横向无力，我方可使用横劲截之；对方用横劲时则直向无力，我方可用直劲以震砸劲破之。总之避其实而就其虚，出其不意，攻其不备，使用上挑、下砸、左劈、右闪的诸多方法，依对方的来势而变化，这样才能在打公拳上取胜。

埋伏法。拳理中讲："若我出手，对方用捣虚法来对付我，则我不回手，利用身法转手攻击对方。一气不行，摧二气打之；二气不行，摧三气打之。"中间不能有丝毫怠慢，否则反让对方有机可乘。

侧闪法。对来势凶猛的拳法或腿法，如果迎面抗击，可能两败俱伤；此时如果做大幅度后退，则会费时过多而又乱了步法，唯一行之有效的，就是避其锋芒，稍向两侧移动，趁对手还来不及变换拳势的刹那间，向其展开攻势。

总之，打公拳没有一成不变的法则可循，以上所述也不尽完善，需要练功者根据自己的具体情况，在实战中摸索出一套属于你自己的规律，那才是真正的搏击功夫！练习打公拳之时，除了应该掌握小架梅花桩拳法中的一些技击招法外，更重要的是通过这样的格打练习，体会"运动知觉"。祖父讲"动知者易，运觉者难"，意思是知道对方"动"还是容易的，这只是第一步；难就难在，对方稍稍一动就能够感觉到，同时知道对方运动的方向、劲道，甚至他下一步想用什么样的招法等等。这种知觉是很难练出来的，需要我们久战磨炼才能养成。练出了这种知觉，就自然能够在搏击之中闪化自如、引进落空，才能击打得力。

所以梅拳入门靠虚心，深造靠恒心；天下无难事，只要有决心。要想真正掌握打公拳这门技艺，就要认真按照上述几条去做，只有这样才能收到较好的搏击效果，才能成为一个优秀的武术人才。

第十六章

浅谈小架梅花桩拳搏击中的手法与腿法

在惊心动魄的格斗中手法运用的好与坏，是取得技击胜利的重要因素之一。俗话说"行家伸伸手，便知有没有"，这里的"伸伸手"当然指的是搏击中的出手，"便知有没有"说的是有没有功夫和技击的招法精不精。通过简单的一伸手或者一步走，行家就能看出你功底的深浅、功夫的大小，练的是哪家拳术，用的是哪家招法。

梅拳非常注重手与手法的基本功及手与手法在武术搏击中的应用。梅拳的理论中有许多关于手与手法的精辟论述，其中一种叫作"得门而入"的理论，有这样一段话，"拳之摧人，必近其身，方能跌出，如物之藏室，不得其门而入时，纵有神仙拳，无由升堂直入探而取之"，意思是当我们进攻敌人的时候，必须先接近敌人的身体；接近不了敌人的身体，讲打、讲拿、讲摔都是一句空话，所以，接近敌人的身体是制住敌人和打倒对手的先决条件。然而要想在搏击中迅速地接近敌人，特别是接近对方的身体并不是那么容易的事。在搏击中对方全神贯注地注视我们，不断地向我们进攻或防卫，身体在不停地快速运动，敌人的身体就好似一件东西藏在房屋里面，如果没有办法进到房子里面去，甚至连房屋的大门在什么地方都找不到，那么你想把屋中存放的物品拿到手，是不可能的。如果我们运用梅拳特有的打开三道门之法，就能牢牢地控制住对方的大臂根部，还能收到开寸离尺的效果。拨开对方臂根部一寸，臂前的手梢就会离开或者说移动一尺，迫使对方出现防御或进攻中的空隙漏洞，此时我们再近其身制住对方。小架梅花桩拳术将这种能够开寸离尺的手法称为"闪门之法"。

手的功力练习应注意：一要从易到难，从慢到快，发力从轻到重。先求正确的姿势、用力、发力、化力、借力，而不要忙于快速的对打，否则会生蛮力、僵力，或者由于套路不熟练而相互瞎打瞎碰，从而出现伤害事故。二要适时调整对练距离。不论对手是高个还是矮个，是胖还是瘦，在一起练习时都要注意随时随地地调整相互间的距离，一般以出拳出脚能够得上对方为准。不论是出拳直击、转环击，还是劈拳、劈掌，出拳出掌的位置都要准确，每打一拳均需认真，要讲究实效，不要打空手、逗空拳。什么叫打空手、逗空拳呢？就是打出去的拳或掌没有实效，甚至对方不加躲闪，你击出去的拳或掌都挨不上、打不到对方。这些没有攻击力、实效性的拳、掌或者一组招法，统统都叫作空拳、空手、空招。三要注意攻击、防守的连续性和进攻、防守的节奏。出手要快、要猛，防守要有章、有节、有紧、有驰，在对练、对打中除注意攻防的时机、力量和节奏外，还要注意每套对练的重点是什么，对重点招势、重点招法的动作要反复练习，有意识地加深印象、加深理解，这样就不会出现盲目练习，从而会收到较好的训练效果和搏击效果。

在击打格斗中使用的手法很多，一般而言人们常用的手法可分为二大类："先发制人"和"后发制人"。我喜欢"后发先制"。什么叫做"后发先制"？"后发先制"的策略要求在搏击时，我们出手在对方出手进招攻击之后，虽然我们出手进招攻击时晚于对手的进攻，可我们所用的招势和所发出去的手犹如雷霆闪电一般，完成整套进攻对方的动作都在对方进攻我们的招数之前。这种手法策略既有"后发制人"的效果，又有"先发制人"的威力。"后发先制"才是武术搏击中值得采用、发扬的较好的战术手段，因为一个君子要有基本的涵养，要以德服人，当敌不犯我时，我不犯人，这样的习武人会值得人们尊重。

要想运用"后发先制"的手法策略，习武者的功夫必须达到上乘，出招进攻不但迅猛准确，手眼身法步还要配合一致，而且要求能够较好地掌握进攻的时机，如果掌握攻击时机不当，出手慢了会遭到对方的攻击，出手快了会过早地暴露自己的进攻意图和所用的拳势招法。但是不论你运用"先发制人"、"后发制人"还是"后发先制"的手法策略，都应该牢牢掌握一条基本的进攻原则，那就是一出手就应该打开对方的第三道大门，控制住对方的臂根部，粘连不离，不论对方怎么变化，都不让对方逃出自己的控制范围，这样才能求得进攻的主动，否则再好的战略战术、再好的手法、再好的招法，也会落得竹篮打水一场空。

小架梅花桩拳拳理中还有一种搏击中的应用手法，叫作"出手不见手，见手必使手"。这种手法包含着许多力学及心理学的内容。我们在激烈的格斗中，每一个动作、每一次出手都应该是实实在在的，都应该有它的目的和意义，是引逗、是进攻还是防御。有些时候我们伸出手的目的是为了引逗对方重心移动，以便见机而行。这时候我们出去的手并不和对方接触，只是虚晃引逗，当对方出手进攻来抓来打我们的时候，我们马上将伸出去的手抽回来，身体仍然与敌人保持一定的距离，继续观察对手的动静与虚实。这种伸伸抽抽、时有时无的手法好似和敌人捉迷藏，使对方难以捉摸，我们称这种时有时无的手法为"出手引手，伸手不见手"。但是，我们所发出去的手一旦能够接触到对手的手或身体，就决不能把自己能够挨到对方、够到对方的手白白抽撤回来，失去战机，小架梅花桩拳将这种已经够得上对方的手或身体某个部位，可以发招用势而不用招进势称为"另起炉灶"。所以梅花桩拳拳论中讲到第三句话"见手必使手"。决不能因该打不打，该拿不拿，或该摔不摔，而失去战机。"出手引手，伸手不见手，见手必使手"，话虽不多却是精华所在。

手与手法在格斗中运用的好与坏，是决定格斗胜利的重要因素。手与手法要想运用自如，练出过硬的基本功，必须勤学苦练才行，从苦练中养成手与手法的快速反应能力和应变能力。"功夫"就是时间加

勤奋，我们必须反复地、不间断地认真刻苦地练习、科学地练功，从练功中体会梅拳点气论中所说的"似梦地着惊，似悟道忽醒，似皮肤燃火星，似寒浸腠理打战悚，想情景疾快猛，原来是真意泓浓，震雷迅发离火焰烘。"

俗话说："练武先练腿"；"拳是二扇门，无腿打不了人。"这里边讲的"无腿"指的是没有腿法，不懂得腿法在技击中如何应用。如果我们在击打格斗中能非常巧妙地发挥和运用腿法，发挥腿法攻击力强、攻势凌厉的优势，同时用腿法比用手法更加隐蔽，而且攻击面积大，那么在技击中当然能收到较好的效果。但是在技击实战中，要想使腿法充分发挥它的威力、取得良好的攻击效果并非轻而易举，它要求习武者必须熟练地掌握腿击技术，踢出、蹬出的腿如同打出的拳一样灵活，这就不但需要有良好的腰腿功夫，还要懂得运用腿法的战略战术，准确地、不失时机地把握战机。因此，我们需要更进一步地研究腿法，研究它细小的动作变化、位置、应用技法等等。

要研究腿法，首先应该懂得"闪展隔位"。什么叫"闪展隔位"呢？我列举一个小例子。一辆汽车飞快地向我们开来，这时候迎着汽车跑或调过头来背向汽车跑，这两种方法都不行，都不能躲过飞驰而来的汽车。可是我们如果面对来势凶猛的汽车，不向前也不向后而是向两侧躲闪，这种躲闪，距离小、移动时间短，由于汽车是直线行驶，所以很容易就能躲开。这种躲闪方法被称为"闪展"或者"闪化"。在一般情况下的"闪展"或"闪化"并非单纯的躲闪，在技击中的"闪展"或"闪化"是为了更有效地攻击对方。所以在"闪展"或"闪化"的时候还包涵着一个把握躲闪的距离、躲闪的时间、躲闪的位置，怎么样"躲闪"或"闪化"才能对下一步继续攻击对方更有利等的问题。

如果对方直线快速地用拳或腿法攻击我们，在来拳来腿将要踢打到我们的时候，避开锋芒，只稍稍向两旁移动，移动的时间恰到好处、距离恰到好处，既能避开对方的拳脚，又能紧紧控制住对方，我们所站的位置还能及时向对方发出凌厉的攻势，从躲闪到进攻就在一刹那，时间短到使对方难以变换拳势。这种躲闪的时间、位置、距离得当，必定能够收到好的技击效果。但是，如果我们躲闪的距离过大，对手打来拳脚的时候我们一下子跑出很远，躲闪的时间也不恰当，这样就会贻误战机。又如，见到对手用拳头进攻我们，我们一下子迈开大步躲开，虽然是躲过了对方的来拳，但要再想进攻对方就得先抽回步子，重新迈步调整距离才能发动进攻，这种由躲闪转为进攻还需要另起炉灶，小架梅花桩拳法称之为"隔位"。正确地运用腿法，不失时机地把握进攻的尺度、战机，不懂得"闪展隔位"就不可能攻防得机。

祖父曾讲"腿打七分手打三，五行四梢俱合全，气连心意随时用，大破硬进无遮拦"。小架梅花桩拳法中常用的腿法是非常多的，例如劈腿、撩腿、扣腿、里合腿、外摆腿、摧腿、踏腿、截腿、撞腿、点肋腿、鸳鸯腿、穿裆腿、迎风腿、飘腿、蹶子腿、前后扫腿等。在技击当中又多使用连环腿法，一腿、二腿连三腿，或者多种变化的组合腿法。击打格斗中靠简简单单的一拳一腿是很难取得胜利的，用拳的时候是得意拳法的连环，如水银泼地；用腿的时候也是三四腿上下左右配合使用。"用拳如闪电，腿似刮地风"才能有实战效果。

用一组腿法攻击对方的时候，既不能中途中断，使对手有喘息机会，又要随时调整重心和距离，保持攻击时的最佳姿态。所以用腿攻击对方的时候，要特别注意身体的配合和步法的配合，要着重研究一下攻击之后脚的落点，是前还是后，是左还是右。脚步落点的正确与错误，直接影响到下一次腿击的好与坏。

小架梅花桩拳的腿法论述中讲道："足方像地，载一身重量，静如山岳，有磐石之稳，动如舟楫，无倾侧之忧，如地之镇静……"当我们击打格斗的时候抬腿蹬踢敌人，如果上身前俯后仰，左歪右斜，足无根基，就谈不上有磐石之稳，踢出去的腿也会由于前俯后仰、重心不稳而无力量，甚至造成对方有可乘之机，在搏击中吃亏。要想在击

打格斗中充分发挥腿的威力，一方面应该注意头、手及身体各部位的配合，而且还要研究腿击的步法、脚的落点。如我们用撞脚蹬踏对方，起腿的时候上身不能后仰，为什么呢？原因很多，其中有重要的两条：第一，如果我们踢出腿的时候上身后仰，重心必然落在后边，如同后面有东西拽着，踢出去的腿就不可能有力量；第二，如果踢出腿的时候上身后仰，也极容易被对方借力位倒。所以我们使用撞腿的时候身体必须保持正中，踢出去的腿既有力度还能产生一种向前冲踏的力量，使对方难以再用手封住或刨开。上面还仅仅是身体和腿之间的配合，那么踢蹬出去的脚的落点对腿击又有什么影响呢？踢蹬腿的落点指的是踢蹬出去的脚落下来之后的位置，是前还是后，是左还是右，是扣还是摆，是竖还是横等等。落点的远、近、竖……对再次腿击起着非常重要的作用。现在仍以撞腿为例。如果踢出去的脚落地的时候，正好近似一步，这时候重心稳定，再次换腿使用撞脚也比较灵活；假如腿落地时靠前，两脚必然分开过大；落地靠后又会两脚近似直立的姿势，这两种落点，都不如正好近似一步时稳，身体也不可能保持技击时的最佳姿势。

踢蹬出去的脚落地时脚尖的方向向前还是偏向两侧也很重要，它同样影响腿击的灵活性和再次起腿的速度。以连环撞腿为例。踢蹬出去的腿落地后如果脚尖向前，这时换脚连续踢蹬就会觉得灵活顺当，可是如果踢蹬出去的脚落地时脚尖不是向前，而是踢右腿时脚尖偏向右，踢左腿时脚尖偏向左，这样连续踢腿就会感到别扭。里合腿接用外摆腿连续腿击时也是如此。里合腿击出后落脚时脚尖应该偏向一侧，这样转身接用外摆腿时就很自然，里合腿击出之后落脚时脚尖向前，如果想迅速接用外摆腿时，还需要重新调整前脚，这样动作必然受到影响，也不可能灵活。所以我们平时练习腿法要形成一种正确的定势，养成良好的习惯。

练腿先求腿的力量。腿部无力，腿击时就不会有实效；腿部力量强，使用腿法才会得心应手，击打、防守、移动才能自如。虽然腿击需要足够的腿力，但是也不能练出僵力，这样就要求髋关节、膝关节的灵活性要好。发力柔中有刚、刚中有柔，柔中有韧，练出一种活力，踢、踏、蹬出去的腿能逢虚就实、逢实就虚，好似腿上生腿。练习腿力的方法非常多，如踢腿练习、踢沙袋练习、负重练习。小架梅花桩的基本桩步五势，大势、顺势、拗势、小势、败势，是练习腿部基本功的最好方法。

懂得了"闪展隔位"的道理，注意了身体和腿击的配合、腿击出后脚的落点方向和位置，而且练出了腿部的力量，充分调动起全身各部的积极因素，这样在惊心动魄的击打格斗之中才能充分发挥腿法的威力，才能取得较好的搏击效果。

第十七章

搏击中的眼法

搏击之中有"眼观六路，耳听八方"和心为元帅，眼为先行，耳为侦探，脚似战马，手似刀枪，及破敌全凭一双眼等等说法。可见在搏击之中眼和眼法有多么的重要。两眼、两耳、口和两个鼻孔加在一起，古人称之"七窍"，按现代科学的观点，它们是人类获取外界信息，获知客观世界信号的"接收器"。据科学家们研究，人类获取信息的百分之九十以上，来自眼睛，眼睛能洞察万物，有不可思议的神妙。我们常常用"双眼炯炯有神"、"眼明心亮"、"目光逼人"等形容词来描绘一个人，来形容他的精明强干、威严或者凶狠。眼神即能反映一个人的气质。

小架梅花桩拳拳论中常讲到"神色、声色"，"神"首先指眼神；"色"是指脸色、神态、表情；"声"即是声音。色是内心世界的外现。小架梅花桩拳中有"神色即可伤人"的说法，此说法并非是一种玄虚的学说，它指的是在搏击之时，用我们锐利的眼睛，就能让对方从心理上受到威慑，从而产生一种畏惧、胆怯的心态。习武者通过长时期的练功，达到"形神合一"的程度，目光就会显得格外明亮有神，有一种使敌人视之丧胆的威力，此时我们说这双眼精有"震敌"之威。

在与敌人交手时，"知己知彼"才能"百战不殆"；不了解对方的动、静、虚、实，用的什么招，打来的拳，踢来的腿是高还是低，是左还是右，是上还是下，如何能取胜呢？所以眼睛是审视对方的第一感觉器官，这就说明眼睛在技击中的第二个功能——"观敌"。

通过眼睛的观察能够洞察对手的微妙变化。在知进、知退、知宽、知窄、知上、知下、知左、知右的同时我们再进招换式,这样才能做到心中有数,只有这样才能在"情报"和心理上获得优势。如果我们的眼睛没有练出来,不懂得眼法,或者眼法练得不到家,手眼身法步不能合一,两只眼睛对敌人微小的变化看不出来,或者总比对方慢半拍,这在搏击中是不行的。

在搏击中常用的一种战术叫作"声东击西"、"指南打北"、"指上打下",这些讲的多是形态上的变化,但绝不能忽视神态上的变化。往往细小的神态变化,就能够起到意想不到的效果。下面举个例子。一个演员在舞台上演唱民歌,歌词内容是歌颂辽阔的大草原。当他唱到牧民纵马扬鞭远去的时候,他的头慢慢转向舞台一侧,眼睛由近向舞台一侧的后方远视,这时台下静静地听得入了神的观众也会情不自禁地随着这演员的眼神,向远方望去。演员没有过多的手感和身体上的过大动作,仅仅头部的转动和眼神的传送,就把观众由近带向远方,真好似远方能看到纵马扬鞭远去的牧民似的。为什么能够收到如此效果呢?演员们称眼睛为"感情的门窗",很多复杂细腻的感情是通过眼神传达和表现出来的。

在搏击中也往往会因为眼神的微小变化使敌人造成错觉,产生"指上打下"、"声东击西"的效果,于是就有了技击之中眼法的第三个功能是——诱敌。通过眼睛的各种微妙细小的动作,麻痹或诱惑敌人,使对方在击打格斗中判断错误,出现了空隙,使我们有机可乘。

但是有些人会提出"眼为心之苗",你心里想什么,眼睛必然会表现出来,你观察对方的同时,对方也会通过你的眼睛来观察你,观察出你的想法和变化。这话当然不假,可是随着我们武功的增长,眼功也在增长,眼睛的表现能力会更丰富,观察能力会更敏锐,动作也会更隐蔽,由此得出一个结论,眼法能够起到诱惑敌人的作用,武功必须达到"上乘",必须达到"炉火纯青"的境界。

搏击离不开眼法,所以我们平时在训练之时绝不能轻视眼法的练

习。练习眼睛的方法有很多,有定式练习、余光练习、感应练习等等。小架梅花桩拳认为,最好的练习方法是平时将眼法与拳术套路相结合,拳套路数之中的细小动作都应该要求眼神随上,身到步到,手到眼到,经过较长时间的刻苦练习,达到手、眼、身、法、步、肩、肘、腕、髋、膝、缩、小、软、绵、巧、进、退皆合一。练习小架梅花桩五势的拳势时,眼睛要顺着向前伸出的拳或掌凝神远视,眼前无人似有人,尽量不眨眼、不低头、不仰头;练习梅花桩行步三法时,做到脚随手出、步随身换、神形相随、落点齐整,经过一段较长时间的有意识的眼法练习,必然能达到形神合一的程度,眼神、眼功、眼力将会随武功的增长而至于"神明"。

下面讲一个练眼睛的方法。

夜晚不要开灯,选择清静而且一片漆黑的环境,先做八段锦里"闭目冥心坐,握固静思神"的动作。

此势为八段锦功法最核心的内容,不过,却难以用笔墨将其说尽。为何如此说呢?其实打坐动作很好讲。古书中说,"蟠跌坐姿,身下须用芦花之类做软褥垫坐为妙",用软垫微微垫高臀部,是为了令真气容易过尾闾关的缘故。但真正难讲就难在一个"冥心坐"及"静思神"上。因心神最易外驰,如天马行空之难羁,故调和最是不易,所以必须依着静功的习练方法,把呼吸练到非常之静,才能调和其心,才能进入静功的最高境界。故此练静功需要把身、息、心三者完全调和,要做到先端坐调和身体,再做到清净调和呼吸,最后还要做到止念调和其心才行。祖父曾经给我念了一首诗:"元神一出便收来,神

返身中气自回，如此朝朝并暮暮，自然赤子产灵胎。"这首诗说的就是练八段锦时的功景。我祖父还讲："心念不起名为坐，自性不动名曰禅，只有静坐少思寡欲，冥心、养气、存神才是静功之要诀。"因此八段锦一开始，就是通过运用导引法或内观存思法，逐步使自己进入"静"的境界，即道家所讲的恍恍惚惚、混混沌沌的状态，待肾中真阳之气发动，好行周天之法。

所以不要小看这个"静"字，在静功练习法中，"静"字是有三重境界的。第一重是身静，即身体不动，谓之身静。练功之时，不要存有紧张的情绪，要保持身心的放松，这自然有利于入静。能坐得住、坐得轻松，甚至不愿意再动，这是身体已经得到安静的表现。但这种表现只能说是静功的初级功夫。当做到身静之后，心中的念想尚未完全清除，万缘还未完全放下时就要赶快进入第二重境界"心静"。

第二重是心静。即念头不动，谓之心静。古人讲："身不动则心安，心不动则神宁。"只有当心中不起念头，才能做到以心使气、心气合一。当以往事情不回忆，眼前事情不记挂，未来事情不打算，大脑神经完全进入专一的状态，内心世界完全得到安宁时才是心静。此为静功之中级功夫。

第三重是意静，当不知有我时，谓之意静。心中无念之后，还有一个我存在，意识尚未彻底干净，这不叫意静。只有进入"混混沌沌"、"空而不空"的状态，真正做到无我之时，此时就是把鸟的软毛放在鼻端，鸟毛似乎不动，人好似也没了气息的程度，即到了静功之最高境界意静。所以看似简单的一句"闭目冥心坐，握固静思神"，其实才是真正的静功。练功者只有达到这种意静的状态，才能说习练者有点八段锦的修炼功夫了，有了这种功夫才能练站功，如练十三太保功法等。而且打坐打好了还可治愈严重的抑郁症。

接着讲"闭目冥心坐，握固静思神"。此势是由做握固状开始，用舌在口中上下左右搅动，再使生津液，待津液满口时，再鼓漱咽下。

然后行导引法，吸气不必加意念，吸气自然，然后屏气吞咽口中的津液，同时徐徐将气呼出，并用意念好似将津液一点点送入下丹田；待气呼完时，仿佛吞咽之津液已运到下丹田。如此数回，待心思沉静下来后逐步进入"混混沌沌"、"空而不空"的状态。八段锦静功出定醒来时，为了起到按摩梳理筋脉、活动筋骨的作用，便有以下七式。

接上式。盘膝而坐，当出定醒来后，便要做发常梳、目常运的功法了。发常梳的操作方法为：将双手掌互搓数次，令掌心发热，然后十指向后，由前额开始用手梳头发，经后脑回颈部。早晚各做数次。由于头部有很多重要的穴位，发常梳可以明目，预防头痛、耳鸣等。目常运的操作方法为：微合眼，用眼珠转圈，先左、上、右、下顺时针方向转，然后眼珠逆时针转圈。重复三次。然后搓手，将发热的掌心敷在眼部。其作用功效为：可明目、治疗近视、缓解眼睛疲劳，尤其适用于经常玩手机，视力疲劳的人。然后慢慢睁开眼睛，搓搓双手，待双手搓热后双手掌顺着鼻勾画圆揉搓，等面部搓热、鼻窍通气为止。这些动作经常做，可以令脸色红润有光泽，同时不会有皱纹。

起身，在离自身十米前放一香炉，点燃一支细香然后回到原位，按原姿势坐好，在漆黑一片的环境中凝神专注地看着它燃完。这样久而久之自然两眼神光如炬。

第十八章

小架梅花桩拳里的"气"、"力"、"意"

小架梅花桩拳所讲的练形，是离不开动、静这两种功夫的。祖父曾讲："若动静互根，温养有法，自有结胎还原之妙。"所以只知练形，而不注意练气者是得不到梅拳真谛的。动时则气擎不散，静时则山岳难摇，只有这样才能在惊心动魄的格斗中来去无失。梅拳拳法中的技术是千百年来无数前辈不断地研练、实践，并将各种心得融会贯通而形成的精华。我的祖父韩其昌先生用毕生的精力对其又进行了研究，使其精华得到进一步充实，并因他老人家的弘扬，梅拳拳法更彰显出其重要的文化价值。

练小架梅花桩的功是要求内外兼练的，要做到外练形，内练气，练到形气合一，内外一体，并达到浑元一气的程度才算成功。因此练小架梅花桩者从基本功开始除练形外，还应该懂得练气。这里所说的气不是纯指呼吸之气，而是一种经过锻炼以后可由意念指挥的人体中物质运动所积聚成的气，此气居人体之正中，故习武者又称之为中气。俗话说："内练一口气，外练筋骨皮。"筋骨皮练的是"表"，也就是指人的形体经过一段武功的锻炼，达到"手、眼、身、法、步、肩、肘、腕、胯、膝、缩、小、软、绵、巧，进退皆合一"的境界。此时步随身换，脚随手出，左右协调，上下相随，落点进步，三节九段皆成一个整体，此时便达到"身化"阶段，这个阶段小架梅花桩拳称之为"外丹"练成了。若继续不间断地练习，做到"心与意合，意与气合，气与力合"，能气随意发，力随气使，刚柔相济，一气贯串，达到"气化"的程度，此时则在梅花门里称作"内丹"养成。梅拳理论

认为,"内丹"无不借外丹而养成,内丹养成则其妙无穷。所以"气"、"意"合一才是练武者气力的源泉,它不仅是武功之根本,也是武术搏击之精华,又是祛病延年之良药。

小架梅花桩拳里有多种多样的功法、拳路以及各种搏击打法,这不仅练"形",更练的是"意"和"气"。因为只有内气充实,才能打出一种内在的力量以及拥有一种承受击打的外抗力量;如果内气不充实,就犹如爆竹无火药,只是一个空壳,也就谈不上有抗击打能力,在成拳对练时更谈不上敢往地上摔了。

小架梅花桩拳里的五势桩功中讲究练"内丹",那么什么叫"丹"呢?在这里我们把它先称作"能量",梅拳弟子称它为"灵丹妙药"。练"内丹"练的是元气,它居于人体正中,也有的人称之为宗气。中医学界认为,元气生长源于先天之精所生精气。胚胎初结,中间一点动气,乃先天之精所化生,即出生后气海中之元气,此元气在先天得母荫育,渐渐充盛,后天的元气有赖于精气的不断滋养,才能维持人体的正常生长和发育,所以元气充足,脏腑就会更健康。这是因为元气通过经络运行于人体全身,五脏六腑得到元气的推动激发,从而发挥各自的功能,维持人体的正常发育和活动。五脏六腑之气的产生,都源于元气。因此,元气充足,脏腑功能就强健,身体就健康。道教内丹术认为,人到成年,由于物欲耗损,造成精气不足,所以必须用先天真气温煦滋养,好使后天精气充盈,并使之能重返先天精气,以此来弥补自身元气的亏空。其实这就是站五势桩功的目的。

在五势梅花桩拳法当中把练"内丹"、练"元气"统统称为"文练",并主张先练就外部身体的合整统一,再练气以实内部的脏腑,最终达到内外合一。故此,站桩能生力,而力又有本力和功力之分,本力是指人自身所固有的力量,而功力是指练武人通过长期的武功锻炼而得来的力量。我们在技击的时候所用的力和所发的力是多种多样的,同样,发力的技巧也是多种多样的,对于各门各派发力的技巧,其说法也不尽相同。人们常用的力有：长力、短力、刚力、柔力、寸力、化力、横力、竖力、脆力、粘力、贴力、旋转力、抖力、争力、钻力、弹力、扭力、蹭力……发力的技巧中常用"以柔克刚"、"横中有竖"、"竖中有横"、"如绵裹铁"、"巧破千斤"等描述。不论搏击中有多少种发力和用力的技巧，其实都离不开"意"、"气"、"力"的配合，当我们发力的时候，"意"、"气"、"力"要成为一个整体，即外力与内力达到统一，因为只有这样才能在击打格斗中收到预期的效果。常常听人讲"明劲"和"暗劲"，或叫"明力"或"暗力"。"明劲"指的是外力，"暗劲"指的是内力，是指内劲坚刚莫敌，这股劲道多出于内功有成者。内功有成者才能发力勇猛，才能在攻击敌手的时候如同迅雷霹雳，才能自内向外地产生一种猛然的爆发力以及不怕敌人击打的抗击打能力，并在防御之时踢不动，打不倒，稳如泰山。

小架梅花桩拳里的每个动作都是为攻击或防守而设的，所以小架梅花桩拳里的每个姿势都要求习练者沉肩垂肘气沉丹田，重心下降。其中的道理是动作姿势能直接影响气的运行和储存，这也是小架梅花桩拳区别于其他体育、舞蹈、杂技动作的一条重要标准。每当搏击之时必须借助丹田之气，而丹田充实要靠气的积聚、气的运行和储存。这个气可不是深吸气憋住的那口气，而是在自然状态下的内气。而内气的大小强弱，必须靠练"内丹"来实现，也就是靠"文练"来养成。在整个架子套路之中，桩步五势为"静"，要求沉稳，要知道"聚气"之理才能气入丹田。五势变化与行步为"动"，要求迅速轻灵、一气贯通，要懂得过气的道理，方能气血流畅。

经过长期的实践，梅拳前辈老师总结认为，练"内丹"，或者"内气"、"内力"、"内功"，必须从练好"外丹"开始，也就是从练习筋、骨、皮做起，由表及里。在练好"外丹"的同时才能加速"内丹"的温养和内气的积存，通过长期的五势梅花桩"基本功法"、"桩步五势"及八段锦等道家功法来练习入气，并从而得气。当练到初步气化时，

才能从练"外丹"转入练"内丹",也就是从"武练"阶段转入"文练"阶段,或叫进入意念阶段。这个阶段是提高内气聚散和以意运气的能力。"武练"和"文练"的统一,才能练至以意领气,力随气使,以意御气,以气运力,才能达到形微动而意先至,真力才能猝然而至,并能达到无坚不摧、势不可挡的地步。

在小架梅花桩拳的搏击理论中还有一种独特的说法叫作"擎"、"停"、"成",意思是当我们没有与敌交手之前,首先要将宗气吸聚于中宫,做到满腹坚硬,心意一动全体俱动;在心理上要做到有节制,当快要勃然大怒时克制自己。这就好像行军打仗一样,在还没有和敌人打仗之前,号令要非常严明,命令将士聚齐,鼓其勇气,以待敌兵,这就称之为"擎",而当与敌交手时则称为"停"。交手即为"停",出手落点不先不后,不偏不倚,阴阳之气用得匀匀停停,不多不少,恰如其分。交手落点之后,仍然还原以待再发,这称之为"成"。如果落点不还原,使气散而不聚,造成无后备之力,便会出现无力可发的局面。故梅拳祖师讲:"'成'而不散,生式不穷,虽千手万手,气总不散、不断,更兼'内丹'素成,食气不绝。"我们有些时候虽然腹中无食,也会没有饥饿感,这是真气充足的缘故。当年许多历史名将,大战几百回合,甚至十几个小时,马不停蹄,愈战愈猛,就是这个道理。小架梅花桩拳的功夫当达到内外一体,浑元一气的程度以后,就能够食气。食气久之可有三满,即达到"气满不思食,神满不思眠,精满不思欲"的程度。"内气"充盈为"内丹"之根,有此根,便会在遇敌交手时愈战愈猛,不畏饥饿、劳累,才能有"夜战马超"之精力。

小架梅花桩拳在击打格斗时同样也是在过气、行气,也是气的运动。因形是气的外部表现,当真正达到形与气的统一,做到浑元一气时,才能在搏击中做到气擎不散。所以气的运用才是梅花桩拳的精髓所在。"气"在梅花桩拳法的击打格斗中的妙用,妙就妙在能意在敌身,以意摧敌。因梅拳在平时加强了以意御气能力的训练,并在击打格斗时以敌手为对象、为攻击目标，从而注意力高度集中，因此便能有效地察觉敌人之来势，审视敌人之短长，顺其势而借其力，在拳无定法、势无定形的格斗中，随势而发，随意而动，才能在格斗中忽隐忽现，变幻莫测，才能让敌手难以捉摸呢！

所以，要想得到好的预期搏击效果，既要达到"内力"与"外力"的统一，也要达到"气"与"力"的统一，更重要的是能够以意领气，意在敌身，以意摧敌。在这里意是根本，如同书法家以意写字时"力透纸背，入木三分"。因此，"意"产生"气"，"气"产生"力"，没有意就谈不到力。故此静功练习尤为重要，因为它能更好地锻炼心意。

祖父经常说："我们练武必须练到拳无拳、艺无艺、无艺之中是真艺的程度才算是艺上身。"意思是自己练的招法非常纯熟，能运用自如，已经能把所学的招法变成一种自动化的随意反射，在击打格斗之时拳来脚去，不假思索就能把所学的招法用上，已经到了拳无定手、脚无定步的地步，一伸手就有辗转扭蹭、吸卸柔化，化就是走，走即是打，一动步就包藏踢、点、截、撞，一交手就有抓、拿、摔、打。练功如果达到了这种境界，我们就说已经成为练武中的"好手"。"好手"在与人动手之时是看不到他使用招法的，因为他已经到了拳打眨眼之功，胜败只在呼吸之间，一接触就能立见胜负，即我们称它"拳打三节不露形，若露形影不为能"的境界，此时真形与身形已合为一体。

怎么样才能练到"拳无拳，艺无艺"，不露形的程度呢？这要求习武者必须不间断地刻苦练习，从基本功法开始直到小架梅花桩成拳对打、公拳对打以及梅拳的内练之术等等，在久战磨炼之中渐渐掌握"形"与"气"的关系，因为光知形，不懂气，在发力时不可能疾猛。

当小架梅花桩拳练到内外合一时，摧敌可以点气。祖师讲："打人肌肤者为打形，而深入骨髓截断营卫则在于点气。"拳论中这样写道："气之所著未有不疼，疼则不通，理应然也。能够截断血气之道路使不

接续，能壅塞气血之运转使不流通，可以断骨折筋毙性命于顷刻，气之为用大矣哉。但须明其聚，知其发，神其用，方能入壳如射之中的，形体不偏不倚，如矢之端直镞羽停匀，神凝气充，圆如开弓，弓圆劲满，其中之神勇，可穿杨柳彻七札，则在乎撒放之灵与不灵。故气发如炮之焰火，如箭之离弦，陡然而至……"

小架梅花桩拳在点气论中讲道："似梦地着惊，似悟道忽醒，似皮肤燃火星，似寒浸腠理打战悚，想情景，疾快猛，原来是真意泓浓，震雷迅发，离火焰烘。"它的意思是：当内力外发的时候好似睡梦中突然被惊醒，又好像你的皮肤上突然间掉上一个小火星，此时你会猛然将它抖掉，或是你从睡觉的热被窝中惊醒后迅速钻了出来，从温暖的房屋中跑出来，突然受到冷气的侵袭而打寒悚，回想以上种种情景，"梦中惊睡"、"抖掉火星"、"打寒悚"等等现象，都是在又急又快又猛的动作中表现的，其实这是一种由脊髓神经支配的自动化应变过程，是肌肉突然收缩造成的爆发力、感应力，我们说这种时候所发出的力是内力与外力的统一力，是意念与气的统一。因为只有气与意的统一，才是产生内力的根本。

拳理讲："神者气之灵明也，是神化于气。气无精不化，是气不化于精。盖人之生也，禀先天父母之精血以化气，气化精以成形骸。赖后天水谷之精液以化精，积精以化气，积气以化神，结于丹鼎，会于黄庭，灵妙不测，刚勇莫敌，为内丹之至宝，气力之根本也。气无形属阳而化于神；血有质属阴而化于精；神虚故灵明不测，变化无穷，实故充塞、凝聚、坚硬莫敌。神必藉精，精必附神，精神合一，气力乃成。夫乃知气力者即精神，精神能胜物之谓也，无精神则无气力矣。武备如此，唯务聚精会神以壮气力，但不知精何以聚，神何以会，是以殚毕生尽力而漫无适从也。夫精以神聚，以气会，欲求聚精会神，非聚气不能也。但须炼之于平日，早成根蒂方能用之，当然无不坚实。不然如炮中无硝黄，弩弓无绕箭，满腔空洞，无物可发，欲求勇猛疾如海倾山倒，势不可遏，必不能也。此为练气、练形之最吃紧者，谨之、秘之、慎之，勿轻泄传之匪人。"

要想练出摧敌可以点气的境界，必须先要炼出"真形"，达到精气神合一，内外一体，做到"六合"。"静时中气团团聚聚在中宫，隐而不发节节灵"，"动时则气随意发，力随气使"，使阴阳两仪，动静二极成为一体，才能在格斗中随风而进，随风入化，随势而布呢！随意而动，拳打眨眼之功，胜败只在哼哈之间，落点摧敌，能"霹雷迅发，离火焰烘"，其时只在行气一动之间。这时候，各种步法、身法、手法、拳法、腿法，都能"忽然"地随意转化，一招一式之中都包藏着千招万势，忽隐忽现，难以捉摸，这就是交手中的浑元一气的功用。如浑元一气口诀中所讲："浑元一气吾道成，道成莫外吾真形，真形内藏真精神，真精内藏气擎停，欲将形形求真形，须将真形合形形，真形合来有真诀，合到真形彻底灵。"这是需要内外兼练的，即用小架梅花桩拳里的架子功等来练精化气，增加能量、强状形体，这是外练。再运用道家内养之法比如"周天功法"等来炼气添神，以此来强大我们的真形，这是内养。只有"养"、"练"结合才能成就自己。

自古以来，我们的先人对发心立志修行或者武功想要达到一定境界之人都有一个最基本的要求，那就是清心寡欲，要尽可能地转化自己的各种欲望，放弃对诸如财、色、名、利、权等的追逐，以使自己从这些虚幻的诱惑之中摆脱出来，去寻求永恒的真实的自我，最终达到脱俗超迈的境界。因此古人讲"积精以化气，积气以化神"，所以在练习梅花桩桩步五势功之时，就是以精化内气并使内气不断充实，不然空有花哨架子，就如炮中无硝黄，弩弓无弦箭，满腔空洞，无物可发。要想练出如海倾山倒之势、万夫不当之勇的硬功夫，必须既练"形"又练"气"。形气合一，内外一体，也就是达到"浑元一气"程度，方可说懂得练小架梅花桩拳。

总之，我们在平时练习梅花桩时必须注意"形"与"气"，"气"

与"意"以及"气"与"力"的关系，只有在了解上述道理的情况下习练，才能练成钢筋铁骨之躯，只有内外一体，形形相合的情况下才能成就不怕摔打的"金刚不坏之体"。